김형진 회장의 파란만장한 인생과 경영 스토리는 익히 알고 있지만 들을 때마다 다시금 경탄하게 된다. '피·땀·눈물'이란 단어는 이럴 때 어울리지 않나 싶다. 사업에 있어 성공이 위험의 징조가 될 수도, 위기가 기회의 단서가 될 수도 있음을 알게 된 지금, 그는 제4통신업으로의 사업 확장을 모색하고 있다. 우리는 모두 자기 경험을 통해 성장한다. 이 책이 무언가를 시작할 때 망설이는 이들에게 도움이 되리라고 확신한다, 성장하기 위해서는 시도해야 하는 것이다. _이수성(전 국무총리)

———

"오늘 이 순간이 마지막인 것처럼 늘 온 힘을 다해 살아갔다"는 말에서 김형진 회장의 37년 사업 인생에 대한 노력과 집념, 열정이 느껴졌다. 건강한 가치관과 긍정적인 사고방식으로 항상 새로운 것을 꿈꾸고 접하며 원하는 것을 이루고야 만다. 그는 실패할 수 없는 사람이다. 설사 실패하더라도 보란 듯이 다시 일어설 것이 틀림없기 때문이다. 스스로에게도 변명이 없는 사람, 이 책은 그 사람에 대한 이야기다. _김종인(전 경제수석)

———

'변혁적 리더십'만큼 이 경영인을 잘 설명하는 말도 없다. 김형진 회장은 원칙과 명분을 지키는 가운데 기상천외한 방식으로 새로운 돌파구를 찾아내어 조직과 업계의 변화를 이끌어왔다. 그의 도전적 경영방식과 곧은 가치관은 아무런 액션 없이 막연하게 내일을 기다리는 이들을 자극할 것이다. 그가 꿈꾸던 '자연과 인간을 이롭게 만드는' 창업정신의 가치가 구현될 날이 머지않았다. 서른 세종의 미래를 준비하는 책이다. _김지완(BNK 금융그룹 회장)

———

어려웠던 어린 시절부터 명동에서 채권업을 하는 대흥사 창업, 세종증권의 모태가 되는 동아증권 인수, 마흔아홉 통신업으로 전업하기까지 흥미로운 그의 인생 일화를 담고 있다. 이 책을 통해 금융과 통신 사업을 아우르는 그의 통찰력과 리더십이 끊임없는 독서와 배움으로부터 비롯되었다는 것을 알 수 있었다. 그가 중요하게 생각하는 '교감, 참여, 공유, 투명성'이 다가오는 초연결사회에서 세종텔레콤을 또 한 단계 도약시킬 것이라 기대한다. _장석훈(삼성증권 대표이사)

형진의 공부경영

쇄 발행 2019. 7. 25.
쇄 발행 2019. 7. 26.

이 김형진

인 고세규
  심성미 | 디자인 윤석진
처 김영사
  1979년 5월 17일(제406-2003-036호)
  경기도 파주시 문발로 197(문발동) 우편번호 10881
  마케팅부 031)955-3100, 편집부 031)955-3200, 팩스 031)955-3111

뒤표지에 있습니다.
987-89-349-9675-0 03320

이지 www.gimmyoung.com   블로그 blog.naver.com/gybook
스북 facebook.com/gybooks   이메일 bestbook@gimmyoung.com

독자가 좋은 책을 만듭니다.
사는 독자 여러분의 의견에 항상 귀 기울이고 있습니다.

서의 국립중앙도서관 출판시도서목록(CIP)은 서지정보유통지원시스템 홈페이지
//seoji.nl.go.kr)와 국가자료공동목록시스템(http://www.nl.go.kr/kolisnet)에서
실 수 있습니다.(CIP제어번호 : CIP2019025163)

김형진의 공부경영

김

1판
1판

지

발
편
발
등
주
전

값
IS

홈
페

종
김

이
(ht
아

김형진의 공부경영

세종텔레콤 CEO 김형진의 사람과 사업 이야기

김형진 지음

工夫經營

김영사

신발끈을
고쳐 매며

환갑을 넘어 펜을 들었습니다.

올해로 사업을 시작한 지 37년째입니다. 주식회사를 만들어 CEO로서 경영 일선에 나선 때부터 셈하면 29년이 됩니다. 명동 생활 15년, 창업투자업과 증권업 등 금융사업 10년, 그리고 통신업 12여 년…. 남부럽지 않게 잘나갈 때도 있었고, 회사의 존폐 위기로 인해 피 말리는 고통의 순간도 있었습니다.

1990년 7월 26일, '세종'의 모기업을 설립할 당시, 대한민국 경제는 참으로 어려웠습니다. 어떻게 하면 큰 뜻을 품고 이 나라 경제에 이바지할 수 있을까 고민했고, 한민족 시조인 단군왕검의 '홍익인간' 뜻을 계승, 발전시키는 기업가가 되겠다는 결심으로 '홍승기업'이라는 사명을 지었습니다.

1997년, IMF 금융위기 때라 살림은 어려웠지만 초고속 정보망이 깔리고 방송 인프라가 확대되고 검색포털 회사가 등장했습니다. 시대가 변하기 시작했던 것입니다. 저는 그때 세종대왕 시대의 창조와 혁신 문명을 기업정신으로 받아들여, 실사구시의 경영정책을 실행하고자 다짐하며 사명을 지금의 '세종'으로 변경했습니다.

기업의 최고경영자는 작게는 한 가정을, 크게는 한 나라를 이끄는 리더나 마찬가지입니다. 임직원들이 한가족이라고 볼 수 있습니다. 자본주의 시장경쟁은 갈수록 치열해지고, 잠시 한눈팔면 도태되고 맙니다. 약육강식의 정글에서 살아남으려면, 우리 회사 모든 가족이 똘똘 뭉쳐 전력을 쏟아야 합니다.

최고경영자 혼자 슈퍼맨처럼 이리 뛰고 저리 뛴다 해서 될 일이 아닙니다. 저에겐 그런 엄청난 능력도 없습니다. 진정한 리더라면 아랫사람을 이끄는 것이 아닌, 그들이 동료로서 제대로 활약할 수 있도록 뒤에서 밀어주어야 합니다. 그리고 책임의 무게를 견뎌야 합니다. 최고경영자를 포함한 소수의 몇 사람이 이끌어가는 조직은 오래갈 수 없습니다.

저는 20여 년 전부터 자문자답하며 치열하게 고민해왔습니다. 내가 없더라도 세종이 지속가능한 기업으로 거듭날 수 있는 방법은 무엇일까? 특정 인물이나 소수 몇몇에 의존하지 않고도 저절로 잘 굴러가는 경영 시스템은 어떻게 만들어야 하는가?

고민 끝에, 회사가 출발할 때 지향했던 기본 철학을 토대로 경영이념을 만들고, 그 이념을 실천할 수 있는 시스템을 구축해서, 조직이 작동하게 하는 원리를 만들 결심을 합니다. 이후, 저 개인에게도 회사에도 어려운 고비가 몇 번 더 찾아왔고, 그럴 때마다 제가 의도했던 가치와 이념을 잘 지켜왔는지, 그런 경영을 해왔는지 뒤돌아보고 반성할 기회를 가졌습니다.

우리 세종그룹의 경영이념은 '홍승'과 '세종'이란 이름에 모두 담겨 있습니다. 홍승은 '홍익인간 정신을 계승한다'는 뜻입니다. 자연과 인간을 널리 이롭게 하도록 기업을 이끌고 가겠다는 것입니다. 세종이란 이름엔 세종대왕처럼 '창의와 혁신' 그리고 백성을 사랑하는 '나눔 정신'을 지향하겠다는 의지가 배어 있습니다. 결국 홍익인간 정신과 세종대왕 철학이라는 두 깃발을 높이 들고 '정도경영', '인재경영', '창조경영'을 하겠다는 것입니다.

'정도경영'이란 글자 그대로 더디더라도 똑바로 가자는 것입니다. 성과지상주의보다는 과정의 정당성이 더 요구되는 시대에 우리는 살고 있습니다. '인재경영'이란 제4차 산업혁명 시대에 걸맞은 인재들을 불러모아 미래 세상을 디자인해보자는 것입니다. 달달 외워 좋은 성적 내는 인재는 더 이상 필요 없습니다. 이웃과 공감하고 상대를 배려할 줄 아는 따뜻한 인간성의 소유자가 이 시대의 인재상입니다. 그래야 서로 머리를 맞대고 지혜를 짜내어 뭔가를 만들어내는 '창조경영'이 가능해지는 것입니다. 혼자서는 아무것도 할 수 없는 시대입니다. 서로 마음이 열려 있어야 소통이 가능하고, 그때서야 비로소 '집단지성의 힘'이 효력을 발휘할 수 있습니다.

기업들은 지난 250년 동안 자본주의 시스템을 활용하여 전 세계 인구가 보유한 부의 97퍼센트를 창조했습니다. 또한 각종 규칙과 표준을 제정하고 사회 안정에 필수적인 일자리 창출에 앞장서 왔습니다. 1980년 이후엔 금리 인하와 함께 신용 창출을 통하여 대량 생산 및 소비가 확대됐고, 이는 인류 생활수준 향상으로 이어졌습니다.

하지만 2008년 미국의 서브프라임 사태와 금융위기 이후 자본주의 금융 시스템과 화폐경제가 위기를 맞고 있습니다. 경기침체와 자산가격의 하락, 눈덩이처럼 불어나는 국가부채와 가계부채 그리고 양극화 문제와 저출산, 인구감소 등이 바로 그것입니다. 영국의 브렉시트 사건은 제2차 세계대전 이후 미국 주도로 만들어진 세계질서에 균열을 일으킨 역사적인 사건입니다. 이를 통해 '뒤뚱거리는 신세계 질서'가 만들어졌습니다. 최근 격화된 미·중 무역

분쟁은 새롭게 재편되고 있는 세계 경제질서의 헤게모니 싸움이라고 할 수 있습니다.

격동의 시대 현대 경영의 대안은 무엇일까요? 바로 창조적 파괴와 지속가능한 경영입니다. 이 제도는 산업혁명에 성공한 영국에서 시작되어 자본주의와 시장경제, 민주주의가 자리잡은 서유럽과 미국을 중심으로 발달되었습니다. 자유로운 진입, 다양성의 보장, 공정한 자유경쟁, 신기술의 수용, 조세 제도와 공정거래를 통한 독점 규제, 복지와 분배 정책을 특징으로 하는 국가경영 시스템은 이미 우리나라에서도 운영되고 있습니다.

자세히 살펴보면 우리 세종그룹의 기업경영 시스템도 민주공화국 경영 시스템 안에서 작동되고 있습니다. 세계 경제질서가 거세게 요동치고 있는 대혼돈의 시대. 과연 우리 세종 가족은 무엇을 어떻게 해야 할 것인가. 어디로 방향을 잡고 노를 저을 것인가.

우리 세종가족이 자연상태의 자유로움이 최대한 보장되는 조직문화 속에서 생기있게 일할 수 있기를 바랍니다. 그들이 특이점이 되어, 137억 년 동안 팽창하고 있는 우주처럼 꾸준히 발전하는 조직을 만들어놓기를 바라는 마음에서 이 책을 썼습니다.

이 책이 하나의 불씨가 되어 모두 가슴을 활짝 열고 광장으로 나와 미래에 대한 열띤 토론을 펼쳤으면 좋겠습니다. 개방, 공유,

소통, 협력을 통해 창조와 혁신의 원리가 작동하는 조직이 되었으면 좋겠습니다.

나누고 비우고 채우는 방식으로 우리 세종이 단군왕검의 홍익인간 정신을 계승하여 공리주의 이념을 달성해주기를 간절히 기원합니다.

마지막으로,《세종 20년 이야기》를 통해 저의 생각을 이야기로 정리해주신 故 박태환 작가의 명복을 빕니다.

2019년 7월

김형진

1

세상은 모두
연결되어 있다

세종의 뿌리를 찾아서

어느 바둑알도 의미 없이 바둑판에 놓이지 않습니다.
반드시 무언가 역할이 있기에 놓이는 것입니다.
저는 무슨 쓸모가 있기에 '그때 그곳'의 하나의 점이 되었을까요?

1

나는 58년
개띠로소이다

저는 세상에 혼자 태어난 게 아닙니다. 세상이라는 그물망의 한 부분으로 태어났습니다. 불교에서 말하는 '인드라망'(그물망)이 바로 그것입니다. 인드라망은 '우주만물이 한 몸'인 거대한 생명공동체를 뜻합니다. 그물망의 개체들은 단 하나도 빠짐없이 하나의 원칙과 일정한 법칙에 따라 움직입니다. 바로 자연의 섭리가 그렇습니다.

저는 결국 거대한 그물망의 한 그물코라고 할 수 있습니다. 그렇다면 저의 출생은 무엇을 의미하는 것일까요? 그물망의 어디쯤이 저의 역사상 좌표일까요? 왜 '그때' 태어났고, 왜 '그곳'에서 태어났을까요? 무슨 일을 하라고 이 세상에 보내진 것일까요? 어느 바둑알도 의미 없이 바둑판에 놓이지 않습니다. 반드시 무언가 역할이 있기에 '그 시점 그 장소'에 놓이는 것입니다. 그렇다면 저는 이 세상이라는 바둑판에 무슨 역할을 하라고 놓인 것일까요? 무슨 쓸모가 있기에 '그때 그곳'의 하나의 점이 되었을까요? 오늘의 저를 만든 것은 무엇일까요? 도대체 저는 누구일까요?

저는 '58년 개띠'입니다. 정체성의 시간상 좌표가 한국전쟁 이후라는 이야기입니다. 폐허의 잿더미 위에서 굶주리며 자란 세대로, 우리 앞의 전쟁을 겪은 세대만큼은 아니지만, 고생을 꽤 많이 하며 자랐다고 할 수 있습니다. 한국 사회에서 '58년 개띠'는 '베이비붐 세대'의 상징어입니다. '베이비붐 세대'란 한국전쟁 이후 1955~1963년 사이에 태어난 사람들을 말합니다. 그중에서도 58년 개띠생은 92만 117명으로, 사상 처음 한 해 출생 인구가 90만 명을 넘어섰습니다. 당시 출산율은 무려 6.3명으로 2018년 출산율 0.98명과 비교해보면 58년생이 얼마나 많은지 짐작할 수 있습니다. 저는 한 여성이 평생 6.3명의 아이를 낳았던 베이비붐 시절에 태어난 것입니다.

수치로만 보면 베이비붐 세대에서 1959년생이 근 100만 명에 이르고, 1960년생은 108만 명으로 역대 최고를 기록합니다. 58년 개띠보다 그 수가 훨씬 더 많습니다. 그리고 55~63년의 한가운데는 59년입니다. 굳이 9개년을 대표하려면 그 중심에 있는 '59년 돼지띠'라야 상식적으로 맞습니다. 그런데도 1955~1963년에 태어난 베이비붐 세대를 뭉뚱그려 보통 '58년 개띠 세대'라고 말합니다. 그만큼 58년 개띠들이 억척스럽고 극성스럽다고 할 수 있습니다.

혹자는 베이비붐 세대가 '개떼처럼' 많다 보니 58년 개띠가 상징적으로 부각되었을 뿐이라고 합니다. 그럴듯한 해석입니다. 하지만 그 해석의 적절성을 떠나, 58년 개띠로 상징되는 베이비붐 세대에게는 분명 유별난 점이 있습니다. 바꿀 수 없는 조건을 문제삼지 않고 '하면 된다'라는 신조를 기반으로 한 강한 생활력을 들 수 있습니다. 사실 사회적 조건을 돌아볼 여력이 없었습니다. 당장 삼시 세끼를 해결하는 것이 급선무인 헝그리 세대였던 것입니다. 베이비붐 세대가 태어나기 시작하는 1955년 당시 우리나라 1인당 국민총소득GNI은 65달러에 불과했습니다. 국민 대부분은 1달러로 5일 이상을 살아야 했습니다. 하루 한 끼조차 제대로 먹을 수 없는 상황에서는 발등의 불을 끄는 게 우선이었습니다.

　　그러다 보니 체면을 차리거나 예의를 따질 겨를도 없었습니다. 맨손, 맨몸으로 맨땅에 헤딩하는 심정이었습니다. 58년 개띠 세대의 멧돼지 같은 무모한 저돌성은 간혹 젊은 세대의 눈총을 받기도 합니다. 그들은 우리가 무례하고 공정하지 못하고 남의 의견을 존중하지 않고 일방적인 소통을 강요한다고 느낄 것입니다. 은퇴 후에도 여전히 떼 지어 산행을 하거나 와자지껄한 단체 해외여행을 다니는 것도 그런 습성 중 하나일 것입니다. 그러나 그러한 무모성과 저돌성이 없었더라면 우리는 '배고픔에 서러운 세대'에서 '배고픔을 극복한 세대'로 나아가지 못했을 것입니다. 우리에게는 강한 생존력이 있었습니다.

58년생이 수적으로 많다 보니 평생 '박 터지게' 경쟁하며 살아야 했습니다. 초등학교 때부터 이른바 '콩나물 교실'에서 공부했습니다. 한 학급 학생 수 70~80명은 보통이었고, 오전반과 오후반으로 나누어 등교하는 학교도 흔했습니다. 1965년에 58년생이 입학한 서울 종로5가의 효제초등학교의 경우 당시 재학생 수가 7천 명(학년당 14~15개 학급)이 넘었고 3부제 수업까지 했을 정도입니다.

아이들은 미국 정부가 지원해준 가루우유를 탄 물, 옥수수 가루로 만든 빵이나 죽으로 배를 채웠고, 생선이나 달걀도 부잣집에서나 구경할 수 있었습니다. 학교에서도 대나무 젓가락과 깡통을 들고 산에 가서 송충이를 잡는 게 일이었고, 무릎이 까지고 종기가 나도 빨간약이라고 불렸던 '아까징끼'나 '옥도정기'를 바르면 끝이었습니다.

장흥군 부산면 호계리, 제가 살던 마을의 집들은 거의 초가집이었습니다. 대부분 고무신에 나일론 양말을 신고 학교를 다녔고, 졸업한 후에 절반 정도는 중학교에 진학하지 못하고 공장이나 도시로 뿔뿔이 흩어졌습니다.

58년생은 이승만 정권 말기에 출생신고를 했고, 4.19민주혁명과 5.16쿠데타로 이어지는 정치적 격동기에 젖을 떼고 걸음마를 시작했습니다. 그리고 그들이 코흘리개 시절, 1960년대 경제개발 5개년 계획이 본격화되면서 한국은 신화를 쓰기 시작했습니다. 1966년부터 1970년 사이에 한국은 세계 59개 개발도상국 중 경제

성장률 1위, 수출신장률 1위를 기록했습니다. 그 후 1978년부터 약 20년간 연평균 8.9퍼센트의 고도성장을 이루었습니다.

58년생은 대통령이 오직 박정희 한 사람뿐이었던 시대에 청소년기를 보냈고, 심장이 가장 뜨거웠던 1980년대에는 군사독재에 치열하게 맞서 싸웠습니다.

그러다가 하나둘 복학하여 졸업하고, 취업 전선에 뛰어들고, 가정을 꾸렸습니다. 컬러TV와 전화기, 냉장고가 널리 보급되고 아파트 시대로 진입했습니다. 당시에는 남자 27~28세, 여자 23~25세쯤이면 가정을 이루었습니다. 사회인이 되는 순간 가정보다 회사에 충성하는 회사형 인간으로 살았습니다.

저금리, 저달러, 저유가의 '3저 호황'으로 거의 완전고용이 이루어졌고, 공고와 상고를 졸업한 베이비붐 세대는 우후죽순처럼 생겨난 섬유공장과 기계공장, 건설현장에서 일자리를 쉽게 구했습니다. 그들은 차와 집을 마련하겠다는 꿈을 서른 중후반이면 어렵지 않게 이루었습니다. 그렇게 농경사회에서 태어나 자라다가 어느 날 산업 역군이 되어 뜨거운 중동 사막에서 막노동을 하고, 일부는 종합상사맨이 되어 아프리카를 뛰어다니며 물건을 팔았던 것입니다. 끌어주는 선배도 거의 없었고, 밀어주는 후배 또한 찾기 어려웠습니다. 그렇게 일찍부터 혼자 크는 데 익숙했던 것입니다. 그럼에도 불구하고 가난에 무릎 꿇지 않았고, 경제발전과 민주화라는 연꽃을 피워냈습니다.

58년생은 1997년 사십 줄에 IMF 외환위기를 맞닥뜨렸습니다. 선배들이 '사오정'(45세 정년), '오륙도'(56세까지 회사 다니면 도둑놈)라는 신조어를 끌어안고 회사를 떠나는 것을 말없이 지켜봐야만 했습니다. 2008년에는 리먼 브러더스 사태로 시작된 세계 금융위기가 닥쳤습니다. 이번에는 오십 줄의 58년생들이 구조조정, 명예퇴직의 당사자가 됐습니다. 명예도 없는데 도대체 무슨 명예퇴직인가요? 더욱 가슴 아픈 것은 그들의 자녀인 '에코 세대'(1979~1992년 출생)도 극심한 취업난에 허덕인다는 것입니다.

58년 개띠생 92만 명 중 76만 명가량이 생존해 있습니다(2019년 1월 현재, 행정안전부 자료). 이 중 2018년 한 해에만 30만여 명이 은퇴했습니다(국민건강보험공단 자료). 이전의 은퇴한 이들까지 포함하면 비율이 절반 이상일 것입니다.

58년 개띠 중에는 내로라하는 사람들이 많습니다. 박현주 미래에셋 회장을 비롯해 정치인 추미애, 유승민, 여행가 한비야, 배우 장미희, 가수 설운도, 김현식, 임백천, 홍서범 등이 그렇습니다. 또한 축구인 신문선, 야구인 최동원, 이만수, 김시진, 김성한, 김경문, 코미디언 심형래 등도 빼놓을 수 없습니다. 외국 유명인으로는 마이클 잭슨, 마돈나, 샤론 스톤을 들 수 있을 것입니다. 58년생은 아니지만 요즘 젊은 층에게 인기 있는 유시민(59년생)도 베이비붐 세대 중 한 사람입니다.

한 세대는 특정한 시대의 환경과 조건 아래에서 만들어집니다.

1945년생인 '해방둥이'를 포함해 일제강점기 후반부터 한국전쟁 기간 동안 태어난 이른바 산업화 세대가 한국의 경제성장을 이끌었습니다. 그 뒤를 이은 베이비붐 세대는 산업화와 민주화에 기여했고, '86세대'(80년대 학번, 60년대생)는 개혁적인 성향으로 한국 사회의 발전에 한몫했습니다. 1965년부터 1976년 사이 태어난 'X세대'는 86세대가 조직과 집단을 중시하는 데에 반발하여 개인의 자유와 개성을 중시했습니다.

X세대를 '497세대'(40대, 90년대 학번, 70년대생)로 부르기도 합니다. 이들은 청소년기에 6.10민주화항쟁을 경험했고 물질적 풍요 속에서 자랐습니다. 무관심, 무정형, 기존 질서 부정을 특징으로 하는 1990년대 오렌지족 문화가 낯설지 않은 '신세대'입니다. X세대는 1990년대 중반 '닷컴기업'의 창업을 이끌며 인터넷 기반의 신세계를 창조하는 듯했습니다. 하지만 2000년에 닷컴버블이 붕괴하면서 베이비붐 세대의 수직적 조직 사회에 편입되고 말았습니다.

1980년대 초반에서 2000년대 초반 사이에 태어난 '밀레니얼 세대'나 인터넷에 익숙한 'N세대', 베이비붐 세대가 다시 출생 붐을 일으켜 1979년에서 1992년 사이에 태어난 '에코 세대', 비정규직으로 상징되는 청년 세대를 뜻하는 '88만 원 세대' 등 여러 명칭이 등장했습니다. 그중에서도 밀레니얼 세대가 전 세계적으로 가장 널리 통용되고 있습니다. 당초 '새천년에 고등학교를 졸업한 아이들'이란 뜻인데, 1980년대 미국에서 처음 등장한 용어입니다. 대부분

베이비붐 세대의 자녀(에코 세대와 중첩)로서 인터넷과 모바일 SNS 이용에 매우 능숙합니다. 디지털 소비혁명을 주도하는 세대라고 할 수 있습니다. 부모 세대보다 더 배우고 덜 버는 첫 세대이기도 합니다. 우리나라에서는 연애·결혼·출산을 포기하는 '3포 세대'나 연애·결혼·출산에 '내 집 마련'과 '인간관계'까지 포기하는 '5포 세대'로 불리기도 합니다.

베이비붐 세대는 누가 뭐래도 오늘날의 대한민국을 만든 주역임에 틀림없습니다. 1인당 국민소득이 100달러도 채 안 되는 나라에서 태어나 굶주리며 어린 시절을 보냈고, 맨손으로 국민소득 2만 달러 시대를 거쳐 3만 달러 시대를 일구어냈습니다. 자부심을 가질 만도 합니다. 하지만 게임의 룰, 즉 플랫폼이 하루아침에 바뀌었습니다. 베이비붐 세대의 '노는 운동장'이라고 할 수 있는 제조, 금융, 에너지 중심의 사회가 갈수록 축소되고 있습니다.

그 자리는 스마트폰 하나로 거래하고, 소비하고, 미디어를 보고, 금융 시스템까지 새롭게 정의하는 밀레니얼 세대가 차지했습니다. 2007년 아이폰의 탄생과 더불어 세상의 주인공이 베이비붐 세대에서 30대의 밀레니얼 세대로 변한 것입니다. 불과 10여 년 만에 새로운 문명 시대가 눈앞에 펼쳐졌습니다. 이젠 더 이상 베이비붐 세대의 사고방식이나 상식은 통하지 않게 됐습니다. 그러니 생각을 바꾸지 않고서는 더 이상 살아가기가 힘들어졌습니다.

그렇습니다. 그 이름이 무엇이든 세대마다 각기 나름대로 뚜렷

한 특징과 흐름이 있습니다. 각각의 성격과 환경이 다르지만 그럼에도 불구하고 같은 시대에 태어난 사람들에게는 독특한 공통점이 있습니다. 앞에서 제가 이야기한 것처럼 이것이 바로, 혼자이지만 결코 이 세상과 동떨어질 수 없는 이유입니다. 결국 저는 세상이라는 거대한 그물망의 한 그물코로서 존재하는 것입니다.

유년 시절, 저는 고무신을 신었습니다. 중학교 때에는 허름한 운동화를 신고 다녔고, 사회생활을 하면서부터는 구두를 신고 다닙니다. 회사에서는 편지나 텔렉스 → 팩스 → 이메일 → 화상회의에 이르기까지 급속히 바뀌는 기술 변화를 직접 겪었습니다. 농촌 사회에서 산업화 사회로 그리고 산업화 사회에서 정보화 사회로 숨가쁘게 변하는 세상의 흐름을 따라잡느라 늘 허덕였습니다.

세상의 흐름은 강물과 같습니다. 강물에 뛰어드는 순간 그 강물은 벌써 새로운 강물입니다. 처음 제가 뛰어들었을 때 제 몸을 적셨던 강물은 이미 한참 아래로 흘러갔습니다.

'군대 가니 5.18이요, 살 만하니 IMF'라는 말이 있습니다. 58년 개띠 세대의 자조 섞인 신세 한탄입니다. 1970년대 우리는 1980년에는 100억 달러 수출을 이루고야 말겠다는 대망을 꾸기도 했습니다. 1980년 광주민주화운동 당시 저는 서울에서 방위 복무를 하고 있었습니다. 제 나이 스물둘, 어쩌면 저도 그 역사적 사건의 한가운데에 있었을지도 모릅니다. 저는 장흥중학교를 졸업한 후에 광주상고에 진학하고 싶었습니다. 하지만 집안 형편상 진학은 엄두

조차 낼 수 없었습니다. 만약 그때 광주상고에 갔었더라면, 1980년 5월 저도 십중팔구 광주 시민으로서 살고 있었을 것입니다. 성실히 은행원 생활을 하고 있었을 가능성이 높습니다. 그렇다면 저는 그때 무엇을 했을까요? 가끔 곰곰이 과거의 미래를 상상해보기도 합니다.

1980년 가을, 저는 서울에서 방위 제대를 했습니다. 그 무렵 명동의 채권도매상 박 모 대표를 만나 채권 일을 처음 배웠고, 이듬해 그 바닥에 본격적으로 뛰어들었습니다. 제 운명을 정확하게는 알 수 없어도 결코 하늘의 법칙과 자연의 섭리를 빠져나갈 수 없었음을, 저는 나중에서야 알게 되었습니다.

그대 다시는
고향에 가지 못하리

제 정체성의 공간상 좌표는 전남 장흥이라고 할 수 있습니다. 1974년 봄, 열여섯 나이에 고향을 떠나 서울 시민으로 살아왔습니다. 뒤돌아보지 않겠다고, 반드시 성공해서 돌아오겠다고 이를 악물며 마을의 고샅길을 빠져나왔습니다. 지금도 눈을 감으면 목젖이 뜨뜻해지고 가슴이 속절없이 무너져 내립니다. 그러나 지금 그곳에 가면 제 유년 시절의 아련한 흔적은 모두 사라지고, 말라빠진 빵 덩어리처럼 그 잔해만 쓸쓸하게 남아 있습니다.

장흥은 전형적인 농촌입니다. 제가 태어난 1958년이나 지금이나 크게 달라지지 않았습니다. 고향 마을이 있는 부산면은 '고기 배 속'처럼 장흥군의 한가운데에 우묵하게 들어앉은 들판입니다. 바다와 직접적으로 닿지 않아 논농사가 주업입니다. 위쪽으로는 바로 조정래 선생의 소설 《태백산맥》에 나오는 '장흥 유치면'과 맞닿아 있습니다. 유치면은 한국전쟁 당시 빨치산으로 유명했고, 토벌 과정에서 유서 깊은 사찰, 가지산의 보림사가 송두리째 불탔습니다. 부산면 아래쪽은 장흥읍이 자리 잡고 있습니다. 부산면 서쪽에는 기역산(264미터)과 수인산(561미터)이 잇달아 병풍처럼 서 있고, 수인산 너머가 바로 강진 병영입니다.

병영은 조선 시대 전라도 육군사령부가 있었던 곳입니다. 네덜란드인 하멜(1630~1692, 조선 체류 1653~1666) 일행이 노역하며 7년 동안(1656~1663) 머물렀던 곳입니다. 병영 마을에는 아직도 하멜 일행이 쌓은 빗살무늬 형태의 네덜란드식 담장(등록문화재 제64호)이 남아 있고, 하멜 일행이 "일하다가 그 그늘 밑에서 쉬며 고국을 그리워했다"(《하멜 표류기》)는 800년 넘은 은행나무가 변함없이 서 있습니다.

부산면 동쪽으로는 장동면과 이어졌고, 그 너머 보성군 경계에는 제암산(801미터)이 떡하니 버티고 있습니다. 한마디로 부산면은 기름진 우묵배미 땅이라고 할 수 있습니다. 탐진강이 한가운데를 가르며 북쪽에서 남쪽으로 흐르고, 남해고속도로가 동서를 가로지릅니다. 교통의 요지이면서도 비옥한 평야로 살기 좋은 땅이라고 말할 수 있습니다.

흔히 장흥 하면 바다를 떠올립니다. 요즘엔 정남진도 제법 많이 알려져 있습니다. 정남진이란 '서울의 정남쪽에 있는 나루터'란 뜻입니다. 정동 쪽의 해돋이 명소 강릉 정동진이나 정서 쪽의 해넘이 명소 인천 정서진과 같은 개념입니다. 어릴 땐 그곳에 살면서도 장흥이 정남진인 줄도 몰랐습니다. 그 덕에 해산물을 지겹도록 먹었는데 그중에서도 특히 매생이가 유명합니다. 요즘이야 서울에서도 얼마든지 매생이를 먹을 수 있지만, 불과 20년 전만 해도 매생이를 먹으려면 고향에 내려가야 했습니다. 매생이는 장흥 덕산이나 관산 혹은 강진 해안 일대에서만 구할 수 있었습니다.

1974년 봄 상경한 후 한 해도 빼놓지 않고 겨울만 되면 매생이국이 먹고 싶었습니다. 고향에서 대접째 들고 후루룩 물처럼 마셨던, 그 흔하디 흔하고 질리도록 마셨던, 쇠털처럼 가늘고 거무튀튀한 그 매생이국이 갑자기 미친 듯이 먹고 싶었던 것입니다. 어떻게든 매생이국을 조달해 먹고 나면, 그때서야 집착이 사라졌습니다. 매생이국에 대한 갈증은 저 밑바닥에 숨어 있던 고향에 대한 그리움이었는지도 모릅니다. 매생이가 품어서 터뜨리는 고향의 바다 내음을 맡아야만 출렁이는 배 위에서 뱃멀미하듯 어지러웠던 속이 비로소 잔잔해졌던 것입니다.

장흥에는 내로라하는 문인이 많습니다. 소설가 이청준, 한승원, 송기숙, 이승우와 시인 김영남, 이대흠 등이 바로 그들입니다. 대부분 장흥에서도 바닷가 출신들입니다. 장흥의 3개 읍 7개 면 중에서 바다를 끼고 있는 곳은 관산읍과 대덕읍 그리고 회진면, 용산면, 안량면입니다. 이청준, 한승원, 김영남이 대덕읍, 송기숙이 용산면, 이승우가 관산읍 출신입니다. 이대흠만 바다가 없는 장동면에 살았습니다. 장흥 앞바다는 임진왜란 때 이순신 장군이 병사들의 식량을 얻었다는 득량만입니다. 장흥의 문인들은 그 득량만에서 식량 대신 보석 같은 글감을 얻었는지도 모르겠습니다.

한국 대표 소설가 중 한 명인 이승우는 저보다 한 살 아래인 1959년생입니다. 저처럼 장흥 땅에서 유년 시절을 보냈습니다. 그는 관산 신동이라는 아주 작은 바닷가 마을에서 자랐다고 합니다. 그는 《소설을 살다》(마음산책, 2019)에서 "내 고향 마을인 신동에 이르러 육지는 끊기고 마을은 산과 바다에 갇힌다. 그때 장흥읍은 벽촌에 사는 나에게 서울이나 한 가지 이름이었다"라고 회고했습니다. 그는 한 시간씩 걸어서 읍내 중학교에 다니다가, 1학년을 마치고 1972년에 서울로 올라왔습니다. 그러니까 이승우는 고향에서 딱 13년을 살았습니다. 저의 장흥살이 16년보다 3년 정도 짧습니다. 그의 고향과 저의 고향 사이 직선거리는 31.75킬로미터입니다. 장흥이라는 하늘 아래에서 함께 뛰놀았던 셈입니다.

그는 고백합니다. "시간이 멀어지면 멀어질수록 고향과의 거리가 반대로 좁혀지는 것을 느낀다. 나는 조금씩 조금씩 나의 문학이 고향을 향해 나아가는 낌새를 챈다. (…) 나는 떠났는데 고향은 내가 떠난 곳에도 와 있었구나. 나와 함께 있었구나. 내가 고향을 부정해도 고향은 더 큰 긍정으로 나를 받치고 있었구나"라고 말입니다. 같은 작품에서 고향에 대한 이야기는 계속 나옵니다.

나는 고향에 대해 친밀감이나 고마움을 느끼지 않았고 심지어 경멸까지 했다. 나는 왜 나인가, 하필이면 나인가, 하는 질문은 그러니까 내 존재와 나의 존재를 구성하는 조건들에 대한 받아들여질 수 없는 항의인 셈이었다. 나는 산속이든 바닷가든 가리지 않고 혼자 주저앉아 그렇게 불평과 항의를 늘어놓곤 했다. 하지만 내 고향 신동의 산과 바다는 꿈쩍하지 않았다. 그런 식의 경멸과 항의로 꿈쩍할 부모가 어디 있겠는가. 부모와 고향의 품은 그렇게 넓어서 그 불평과 투덜거림까지 품어버리지 않던가. 그곳이 아니었던들 그런 불평이나마 어디서 늘어놓을 수 있었겠는가. (…) 왜 나는 내 고향이 떳떳하지 않았을까. 그것은, 내가 떳떳하지 않았기 때문이다. 그렇다면 나는 왜 떳떳하지 않았을까. 아, 나는 죄를 지었다.

유년 시절 저도 이승우처럼 고향에 친밀감이나 고마움을 느끼지 않았습니다. 경멸했을지도 모릅니다. 그래서 그렇게 훌쩍 서울로 떠나오지 않았느냐고 누가 물어도 할 말이 없습니다. 하지만 아무리 부정해도 고향은 내 몸속에 녹아 있습니다. 나이가 들수록 더욱 절실하게 느낍니다.

문득 장흥의 동학접주 이방언(1838~1895) 장군을 떠올립니다. 그는 보성과 맞닿은 바닷가 용산면 묵촌 출신입니다. '장태 장군', '관산 이대장', '남도 장군'으로 불리며 동학농민전쟁의 마지막을 동백꽃의 낙화처럼 장엄하게 마침표를 찍은 분입니다. 1894년

12월 27일 김개남 장군에 이어 녹두장군 전봉준이 그 이튿날 순창 피노리에서 붙잡혔습니다. 그리고 공주 우금치에서 무너진 동학농민군은 남도 끝자락인 장흥으로 대거 쫓겨왔습니다.

이때 이들을 하나로 묶어 지휘한 사람이 바로 이방언 장군이었습니다. 1984년 12월 30일 동학군은 장흥성을 함락했고, 1895년 1월 5일에는 전라도육군사령부인 강진병영성을 점령했습니다. 동학농민군의 한계는 거기까지였습니다. 이방언 장군은 1895년 정초 장흥 석대들판에서 일본군과의 마지막 전투에서 패배했습니다. 그리고 그해 4월 25일 장흥 장대에서 그의 외아들과 함께 처형됐습니다. 장대는 지금 장흥서초등학교 자리입니다.

관산읍 천관 방촌리에는 장천재라는 곳이 있습니다. 바로 조선 정조대 실학자 위백규(1727~1798) 선생이 공부했던 곳입니다. 위백규 선생은 거의 전 생애를 무명의 선비로 시골에서 살았습니다. 자영농 처사로서 주경야독하며 현실을 강하게 비판했습니다. 그의 철저한 실사구시의 삶은 그의 사후에 이웃 강진에 귀양살이하던 다산 정약용의《목민심서》저술에 많은 영향을 끼쳤습니다. 위백규는 정조에게 백성의 실정과 그 해결책을 논한 〈만언봉사 萬言封事〉를 올렸는데 그 내용도 내용이지만 전라도 사투리를 그대로 사용해 논란이 되기도 했습니다. 조정대신들은 "그가 전라도 사투리를 함부로 써서 임금의 귀를 더럽힌 무엄한 짓을 했다"라고 분개했습니다. 그는 시골의 무명선비였지만 당당했고, 오늘날 그의 전라도 사투리 기록은 국어학자들의 18세기 한국어 연구에 귀중한 자료가 되고 있습니다. 마침 미국 여자 프로골프 스타 미셸 위의 뿌리가 바로 장흥입니다. 그의 할아버지 우주공학자 위상규(1926~2008) 전 서울대 교수가 바로 장흥 관산 사람입니다. 위상규 박사는 한국전쟁 때는 전투기 조종사로 싸웠고, 그 후에는 우리나라 최초의 항공공학박사가 되어 인재를 길렀습니다.

'그대 다시는 고향에 가지 못하리You can't go home again'는 미국의 천재 요절작가 토머스 울프(1900~1938)가 쓴 자전적 소설의 제목이기도 합니다. 그는 왜 '다시는 고향에 가지 못한다'고 했을까요? 울프는 유럽 각국을 떠돌다가 15년 만에 고향 뉴욕에 돌아왔지만 자신이 찾던 고향은 이미 없었습니다. 그가 기억하던 시간, 그리고 그 시간이 흐르던 장소도 온데간데없었습니다. 고향에 영원히 돌아갈 수 없다는 그 깊고도 쓸쓸한 깨달음! 그 환부 없이 먹먹하게 아픈 상실감! 바로 그런 것들이 토머스 울프로 하여금 그 소설을 쓰게 했습니다. 울프는 서른여덟 살에 폐결핵으로 눈을 감았고 《그대 다시는 고향에 가지 못하리》는 2년 뒤에 햇빛을 보았습니다.

이승우 소설가라고 어디 다르겠습니까? 그는 소설 《생의 이면》(문이당, 2013)에서 "내 고향 마을 사람들은 모두들 운명론자들이다. 그들은 도대체 진보라고 하는 것을 믿지 않았다. 내 유년의 고향마을은 물처럼 고여 있었다. 운명은 방죽에 고인 물과 같은 것이었다"라고 말합니다. 그러면서 "50명이 넘는 내 초등학교 동창들을 고향에서 한 명도 만나지 못했다. 그들은 땅과 바다의 숙명 앞에서 자기들의 인생을 경작하기를 포기한 것일까. 내가 그런 것처럼"이라며 안타까워합니다.

그리고 한편으로는 "그들이 부복俯伏할 숙명의 땅과 바다조차 그들에게 주어지지 않았다는 편이 사실에 더 가까울 것"이라고 지적합니다. 그들은 자신이 그런 것처럼 "도시 변두리에서 고구마나 꼬막을 구워 먹으며, 또는 그 의뭉스러운 매생이국을 떠올리며 설명할 수 없는 죄의식과 함께 고향을 상기할 것"이라고 말합니다. 어쩌면 "나이가 더 들어 사람의 근본이 땅에 가깝다는 인식에 이르게 되면 죽어 뼈라도 묻겠다는 심정으로 고향을 찾아올 친구가 있을지도 모르겠다"라는 것입니다.

그럴지도 모릅니다. 하지만 분명한 것은 그럼에도 불구하고 '고향은 숙명의 냄새'라는 것입니다. 제가 젊은 날 서울에서 살면서도 미친 듯이 먹고 싶었던 매생이국 같은 것입니다. 누구에게나 마찬가지로, 고향은 그런 존재입니다.《소설을 살다》는 제가 고향에 품은 생각을 대신 말해주는 것 같습니다.

이제는 젊은이들이 다 떠나고 없는 마을을 지키고 있는, 주름이 깊게 파이고, 허리가 굽은, 한없이 느릿느릿 걷고 말하는 노인들에게서 나는 매생이국을 떠올린다. 땅과 바다를 운명으로 알고, 운명에

순응하는 것만이 운명인 줄 알고, 저들은 묵묵하게 인생을 살아내고 있다. 어째서 모든 고향에게서는 숙명의 냄새가 나는가 하고 묻는 것은 어리석다. 그것은 고향을 지키고 있는 사람들의 냄새이다. 그 냄새는 그들이 숙명적으로 자기들의 인생을 살아온 까닭에 생긴 것이다.

3

가족의 꿈을
등에 지고

애플의 창업자 스티브 잡스(1955~2011)도 한국으로 치면 베이비붐 세대에 속합니다. 하지만 그는 풍요와 자유의 나라에서 태어났습니다. 그가 태어난 1950년대 중반은 미국이 세계 최강의 국가로 우뚝 선 시절입니다. 그의 역사상 좌표와 한국전쟁 후 잿더미 속에서 태어난 후진국 한국 베이비붐 세대의 그것은 당연히 다를 수밖에 없습니다.

스티브 잡스를 비롯한 구글의 에릭 슈미트, 마이크로소프트의 빌 게이츠 등은 히피문화의 세례를 받고 자란 세대입니다. 히피문화란 1960~1970년대 미국의 샌프란시스코와 로스앤젤레스를 중심으로 일어난 청년문화를 말합니다. 기성세대의 물질주의와 가치관을 부정하고 인간성 회복과 자연으로의 회귀를 주장했습니다. 미국의 베트남전 파병을 격렬하게 반대하고 치렁치렁한 머리와 덥수룩한 수염을 기른 채 기성세대의 사회통념에 거세게 반발했습니다.

스티브 잡스도 사이키델릭 음악과 신비주의에 빠졌었고, 동양의 명상에도 깊은 관심을 가지고 있었습니다. 그래서 잡스가 만든 제품들에는 그가 품고 있었던 인간에 대한 철학이 오롯이 배어 있습니다. 오늘날 사람들은 바로 그런 것에 열광하는 것입니다.

앞만 보면서 여러분의 경험을 이을 수는 없습니다. 오직 뒤를 돌아보면서 경험을 연결할 수 있습니다. 그러나 그 경험들이 미래에 어떤 식으로든 연결될 것이라고 믿어야 합니다. 여러분의 경험, 사건, 지식, 사물 등을 연결해서 관계성을 갖게 하십시오.

2005년 스티브 잡스의 스탠퍼드대학교 졸업식 축사 내용입니다. 언뜻 이해가 가지 않습니다. 잡스는 무슨 뜻으로 이런 말을 했을까요? 잡스는 1972년 미국 오리건주 포틀랜드에 있는 리드칼리지를 한 학기만 다니고 그만두었습니다. 그리고 학교 기숙사에 머물면서 청강을 하거나 세상의 이곳저곳을 떠돌아다녔습니다. 축사의 내용은 바로 그 시절 18개월 동안 학점은 따지 않고 캘리그라피 과목을 청강했던 경험을 말하는 것입니다. 딱히 목적이 있어서 캘리그라피 과목을 청강했던 게 아니었습니다. 그냥 다채롭고 아름다운 글씨체가 좋아서 끌린 것뿐이었습니다. 하지만 이때 배운 캘리그라피가 후에 매킨토시를 개발할 때 큰 도움이 됐습니다. 마이크로소프트보다 먼저 아웃라인 폰트를 도입한 것입니다. 당시 매킨토시 컴퓨터의 예술적이고 매력적인 폰트는 선풍적인 인기를 끌었습니다.

결국 잡스의 졸업식 축사는 "내가 글씨체를 배울 때는 그것이 미래에 어떻게 활용될지 몰랐는데 나중에 보니 그 글씨체 공부가 매킨토시 컴퓨터 개발에 크게 활용되더라. 그러니 자신의 모든 경험, 배움, 사건 등을 모두 연결해 새로운 것을 만들어내라"는 말입니다.

저의 '현장 공부'도 처음에는 그것이 나중에 어떻게 활용될지 몰랐습니다. 청소년기에 사법서사 사무소에서 심부름하며 배웠던 것들이 나중에 운명처럼 이어지고 있다는 사실을 불현듯 깨닫고는 소스라치게 놀랐습니다. 스티브 잡스가 그랬던 것처럼, 제가 그동안 무심히 배웠던 것들이나 경험과 사건이 제 삶 속에서 한 두름으로 묶여 있었던 것입니다. 개인의 모든 체험과 공부 그리고 사건은 단 하나도 무의미한 것이 없었습니다. 다만 그걸 알아차리는 사람과 전혀 무심한 사람이 있을 뿐입니다.

저는 장흥 시골에서 중학교를 마치고 서울에 무작정 올라왔습니다. 그리고 외삼촌의 사법서사 사무소에서 잔심부름을 하며 서울살이를 시작했습니다. 외삼촌은 초등학교 4학년 때 돼지 한 마리 값을 손에 쥐고 호계리를 떠나 외지를 떠돌았습니다. 공부머리가 뛰어나 법원 임시직을 거쳐 정식 공무원이 되더니 결국 사법서사 사무소를 열었습니다. 동네에서는 '서울에서 성공한 사람'으로 통했습니다. 막내인 외삼촌은 누나인 저의 어머니를 끔찍하게 아꼈습니다. 서울에 가서도 늘 누님의 안부를 물었습니다. 언젠가 우리가 동네 뒤로 옮겨 오두막에서 살 때, 500만 원을 들여 동네 아래쪽에 새 집을 마련해주기도 했습니다. 당시 500만 원은 큰돈이었습니다.

제 고향 호계리는 삼면이 산으로 둘러싸인 동네였습니다. 뒷산이 바로 호랑이 머리 모양이라서 호랑이 '虎' 자를 쓴 것입니다. 그러니까 '虎溪里'(호계리)란 '호랑이 골짜기 마을'이란 뜻입니다. 어른들은 '범계'라고 했습니다. 목포와 부산을 잇는 길이 뚫릴 때, 마을 어르신들이 '호랑이 머리가 잘린다'면서 결사 반대를 외친 이유를 알 것 같습니다. 그 길은 현재 산 아래, 마을 뒤쪽을 가로질러 갑니다. 시냇물은 마을 옆쪽으로 흘러내립니다.

호계리는 광산 김씨와 청주 김씨의 집성촌이었습니다. 광산 김씨인 아버지와 청주 김씨인 어머니가 만난 것처럼, 온 동네 사람들이 가깝게 혹은 멀게 서로 핏줄로 연결되어 있었습니다. 120여 가구쯤 됐는데, 논 20~30마지기(4천~6천 평)를 짓고 있는 한두 집을 빼면, 모두가 10마지기 미만을 일구고 살았습니다. 우리 집은 땅이라고는 천수답 900평이 전부였습니다. 그것도 얼마 못 가서 큰형님의 학비를 대느라 팔아야 했습니다.

외삼촌 사무실에서 일을 시작했을 때만 해도 사법서사가 무슨 일을 하는지도 몰랐습니다. 그저 구청, 동사무소, 등기소, 은행 등을 돌아다니며 부지런히 공문서 떼기에 바빴습니다. 주민등록등본, 등록세납부서, 취득세납부서, 건축물대장, 토지대장 등은 그렇다 쳐도 주거사실확인서, 가옥이동신고서, 환지예정지증명, 도시계획 87조증명발급 등은 생전 들어보지도 못한 '우주인 용어'나 마찬가지였습니다.

게다가 외삼촌은 시도 때도 없이 헌법을 외우라라거나 전 서울대학교 법학대학 교수인 김증한(1920~1988)의 《부동산등기법》을 읽으라는 숙제를 내줬습니다. 왜 이런 것들을 하라고 하는지 그때는 영문을 통 알 수 없었습니다. 외삼촌이 왜 그렇게나 저를 엄하게 다뤘는지 그 깊은 뜻을 나중에 깨닫고 감사하게 여겼지만, 당시에는 툴툴거리기도 했습니다. 외삼촌은 제가 헌법을 외우지 않았다고 뺨에 불이 번쩍 나도록 때리기도 했습니다. 저는 사무실 소파에서 새우잠을 자고 빵, 우유, 짜장면으로 배를 채우며 외삼촌이 내준 숙제를 해야만 했습니다.

그렇게 주소 변경, 소유권 이전 설정 등 간단한 등기서류 작성법을 배웠고, 급기야 1977년 서울지방법원 동대문등기소 말단 별정직 공무원이 됐습니다. 제 또래 58년 개띠생이 77학번으로 대학 신입생이 되어 캠퍼스의 낭만을 즐기던 즈음이었습니다. 'MBC대학가요제'가 처음으로 열려 서울대학교 농대 밴드 샌드페블즈의 〈나 어떡해〉가 대상을 차지했던 해로도 기억합니다. 저의 자리는 그들의 세계와 거리가 한참 멀었습니다. 같은 58년 개띠였지만 그건 그들의 길이었고, 저는 저잣거리 현장에서 저의 길을 가고 있었던 것입니다. 하지만 그런 사법서사 업무를 익혔던 것이 나중에 명동에서 채권 중개 사업을 할 때 힘이 될 줄은 꿈에도 몰랐습니다.

저는 부동산 등기 업무의 달인이 됐습니다. 1978년 1월 서울동대문 신설동사거리의 사법서사 동화합동사무소의 정식 사무원이 되어 월급으로 4만 원을 받았습니다. 삼양라면 한 봉지에 50원, 짜장면 한 그릇에 200~300원, 사립대학교 한 학기 등록금이 15만~20만 원이던 시절이었습니다.

그 후 법원 임시서기보 시험에 합격해 서울민사지방법원 성동지원 등기과와 강동등기소에서 근무했습니다. 그 월급으로 고향의 중학생 남동생과 초등학생 막내 여동생 학비를 댔고, 가끔 서울의 고향친구들과 중절모를 쓰고 양복까지 빼입고 맥주를 마시기도 했습니다. 제법 먹고살 만해진 것입니다. 1979년에 방위 소집 영장을 받아 근무하다가 광주민주화운동이 있던 1980년에 제대해서 서소문 서울지방법원 후문 근처 사법서사 사무소에 일자리를 얻었습니다.

요즘 지구촌을 들썩이게 하는 케이팝 그룹 방탄소년단BTS을 생각합니다. 지난해 9월 그들의 유엔총회 연설은 참으로 자랑스럽고 감동적이었습니다. 오늘날 대한민국 젊은이의 당당하고 씩씩한 기상을 그대로 보여줬다고 해도 과언이 아닙니다. 그룹의 리더 RM

은 능숙한 영어로 "러브 유어셀프!Love Yourself!"를 외쳤습니다. 자신을 포함한 전 세계 젊은이에게, 그들이 가진 결점과 두려움에도 불구하고 "나를 외치세요!"라고 말했습니다. 어제의 나, 오늘의 나, 내일의 나를 있는 그대로 사랑하라는 것입니다. 그렇습니다. 자신을 사랑하면 자신이 무엇을 좋아하는지를 알게 되고, 자신이 좋아하는 것을 알면 꿈을 꾸게 됩니다. 자신이 좋아하는 것을 찾아내서 사랑하고 꿈을 꾸는 것이 바로 "러브 유어셀프!"입니다.

어린 시절 저는 제 자신을 사랑할 여유조차 없었습니다. 제가 무엇을 좋아하는지, 무엇을 잘할 수 있는지 전혀 몰랐습니다. 무작정 서울로 상경한 이후에도 마찬가지였습니다. 그저 하루하루 먹고살기에 바빴고, 돈을 벌어야겠다는 일념밖에 없었습니다. 그러니 꿈을 꾼다는 건 상상조차 할 수 없었습니다. 돈을 많이 벌겠다는 것도 하나의 꿈이 될지도 모르겠습니다. 하지만 그건 꿈을 이루기 위한 하나의 수단일지는 몰라도, 그 자체가 꿈이 되기에는 뭔가 좀 부족하지 않나 생각합니다.

방탄소년단을 글로벌 그룹으로 키운 방시혁 빅히트엔터테인먼트 대표가 2019년 2월, 그의 모교인 서울대학교에서 졸업식 축사를 했습니다. 서울대학교 법대에 원서를 넣기에는 점수가 약간 모자란다는 판단하에 본인의 성적으로 안전하게 진학할 수 있는 과를 골라 미학과에 입학했다고 합니다. "어떤 열정도 꿈도 없었고, 그냥 다른 사람들이 만들어놓은 목표와 성공의 요건에 별 자의

식 없이 흔들렸다"고 그는 토로했습니다. 그런데 무엇을 배울지도 모르고 들어간 미학과의 수업들이 너무 재미있었다는 것입니다. 그 바람에 중학교 때부터 해왔던 음악은 뒷전으로 밀렸다고 했습니다.

그랬던 방시혁이 어쩌다 다시 음악 프로듀서가 되었습니다. 그 것도 무슨 굉장한 결단이 있어서가 아니라 "그냥 흘러가다 보니 어느새 음악을 하고 있었다"고 합니다. 그리고 또 그런 식으로 박진영 씨와 JYP라는 회사를 창업했고, 2005년에 독립해서 빅히트엔터테인먼트라는 회사를 세워 방탄소년단을 만들었습니다. 그는 "수많은 선택지가 있었는데 왜 회사를 차리겠다고 생각했는지 그 이유조차 잘 기억이 나지 않는다"라고 말합니다. 축사를 더 살펴보겠습니다.

저는 사실 큰 그림을 그리는 야망가도 아니고, 원대한 꿈을 꾸는 사람도 아닙니다. 좀 더 정확히 말하면 구체적인 꿈 자체가 없습니다. 그러다 보니 매번 그때그때 하고 싶은 것에 따라 선택했던 것 같습니다. (…)

저는 앞으로도 꿈 없이 살 겁니다. 알지 못하는 미래를 구체화하기 위해서 시간을 쏠 바에, 지금 주어진 납득할 수 없는 문제를 개선해나가겠습니다. 빅히트엔터테인먼트는 음악 산업이 처한 수많은 문제들을 개선하는 데 매진할 것이며, 방탄소년단은 아시아 밴드,

혹은 케이팝 밴드의 태생적 한계라고 여겨지는 벽을 넘기 위해 끊임 없이 노력할 겁니다. 저 역시 이런 일을 수행하는 데 부끄럽지 않게 끊임없이 반성하고 제 자신을 갈고닦겠습니다.

제가 여러분께 말씀드리고 싶은 것은 이것입니다. 지금 큰 꿈이 없다고 구체적인 미래의 모습을 그리지 못했다고 자괴감을 느끼실 필요가 전혀 없습니다. 자신이 정의하지 않은 남이 만들어놓은 행복을 추구하려고 정진하지 마십시오. 오히려 그 시간에 소소한 일상의 한순간 한순간에 최선을 다하기 위해서 노력하십시오.

무엇이 진짜로 여러분을 행복하게 하는지 고민하십시오. 선택의 순간이 왔을 때 남이 정해준 여러 가지 기준을 좇지 않고, 일관된 본인의 기준에 따라서 답을 찾을 수 있도록 미리 준비하십시오. 본인이 행복한 상황을 정의하고, 이를 방해하는 것들을 제거하고, 끊임없이 이를 추구하는 과정 속에서 행복이 찾아올 겁니다. 그렇게 하다 보면, 반복은 습관이 되고, 습관은 소명이 되어 여러분의 앞길을 끌어주리라 생각합니다.

저도 꿈 없이 살아왔습니다. 그때그때 흘러가는 상황에 따라 하루하루 최선을 다해 살았습니다. 오늘 이 순간이 마지막인 것처럼 온 힘을 다해 견뎌냈습니다. 어쩌면 저에게 꿈이란 사치였는지도 모릅니다. 야망은 허무맹랑한 것이라고 생각했습니다. 그래도 대학 캠퍼스를 거니는 대학생이 부러웠습니다.

1979년 1월 17일 전기前期 모집 대학 입학시험 날 제 일기장 한구석에는 "friend 안섭 서울 공대, 길태규 연대 공대"라고 쓰여 있습니다. 77학번으로 이미 대학 생활을 하고 있던 장흥중학교 동기생이 부러웠던 것입니다. 사실 저는 그해 예비고사(현 대학수학능력시험)에 합격했고 대학교 응시원서까지 샀습니다. 하지만 결국 그 원서를 찢어버리고 대학에 대한 미련을 접었습니다. 대신 저에게는 가족이란 끈이 있었습니다. 그 끈은 때로는 저의 버팀목이 되었고, 때로는 무거운 짐이 됐습니다.

여섯 살 위 큰형님(1952~)은 집안의 유일한 희망이었습니다. 둘째 형(1955~)은 초등학교도 제대로 마치지 못한 채 서울 외삼촌 댁에서 석유 배달을 하며 살았습니다. 남동생(1964~)과 막내여동생(1967~)은 아직 코흘리개였습니다. 아버지(1927~1979)와 어머니(1934~1972)는 그 어려운 형편 속에서도 큰형님의 공부 뒷바라지에 온 힘을 다했습니다. 아버지는 동네에서 품을 팔거나, 부산 등지에 나가 건설 현장 막노동을 했습니다. 한때는 동네에서 고용살이를 하기도 했습니다. 아버지가 1년 새경으로 쌀 열 가마를 먼저 받아오면, 어머니가 이를 보리쌀 스무 가마로 바꿔 식구들 1년 양식으로 삼았습니다. 어머니는 틈틈이 채소나 생선 등을 머리에 이고 다니며 팔았습니다. 아버지와 어머니는 소학교 문턱도 밟아보지 못했습니다. 어머니는 한글이라도 깨우쳤지만, 아버지는 까막눈이었습니다.

큰형님은 장흥고교 졸업 후 마산 가발공장에 취직했지만 이내 공무원 시험 공부를 하겠다며 집으로 돌아왔습니다. 장남으로서 그 길만이 우리 집안을 일으키는 유일한 길이라고 생각한 것입니다. 어머니는 크게 실망했습니다. 철석같이 믿었던 장남이 빈손으로 돌아오니 집안의 희망이 사라졌다고 여긴 것입니다.

큰형님은 제가 무작정 상경할 즈음에는 우체국 기능직 공무원에 합격하여 서울서대문우체국에서 일하고 있었습니다. 그러다가 그 후 다시 교정직 공무원에 합격하여 서울구치소 교도관으로 근무했습니다. 서울구치소는 지금은 의왕시에 있지만 당시에는 서대문형무소 자리에 있었습니다.

교도관은 하루 24시간 근무하고 24시간 쉬는 방식이기에 그 쉬는 시간을 활용하여 직급이 더 높은 공무원 시험에 도전해보겠다는 뜻이었습니다. 하지만 교도관 생활도 얼마 이어가지 못했습니다. 1979년 3월 1일 서울구치소 교도관들의 '법무장관에 보내는 청원서 사건'이 터진 것입니다. 구치소 간부들의 교도관 폭행 근절을 촉구하는 내용이었습니다. 형님은 교도관들의 서명을 일일이 받는 주동자였습니다. 그 일로 형님은 사표를 내고 구치소를 떠났습니다. 그의 후배들은 계속 구치소의 민주화를 위해 싸웠습니다. 그중의 한 분이 바로 영화 〈1987〉에 나오는 교도관입니다. 그는 당시 영등포 교도소에 수감 중이었던 전 동아일보 기자 이부영이 박종철 고문 은폐 내용을 밖으로 전달할 때 여러모로 도움을 주었습니다.

큰형님은 공무원의 꿈을 접고 외삼촌이 운영하는 사법서사 사무실의 사무장으로 활동했습니다. 저는 명동으로 진출하여 본격적으로 사업을 시작했고, 큰형님은 제가 일했던 곳에서 새로운 인생길을 밟아갔던 것입니다. 큰형님은 이따금 힘들었던 그 시절을 떠올리곤 합니다.

읍내 장흥중학교와 장흥고등학교를 다닐 때 단 한 번도 버스를 탄적이 없어. 그 왕복 사십 리 길을 비가 오나 눈이 오나 걸어 다녔지. 그래서 체육시간이 있는 날이 가장 힘들었어. 운동하고 나면 너무 지쳐 집에 돌아오는 길에 발이 천근만근 무거웠어.

우리 집 형편에 상급학교 진학은 어림없는 일이었지만, 외삼촌이 어머니에게, 자신이 학자금을 댈 테니 중학교에 보내라고 해서 겨우 다니게 된 것이야. 그땐 중학교도 시험을 봤는데 부산면 동국민학교 학생 80명 중 7명만 합격했어. 내가 그중 성적이 제일 나았지.

잉크 살 돈이 없어 풀을 짓이겨 나오는 물감을 대신 썼어.

고등학교 때 상담 선생님이 사준 우동을 난생 처음 먹어봤는데, 세상에 그렇게 맛있을 수가 없었어.

어머니가 동생들의 중학교 진학을 어떻게 하면 좋겠느냐고 나한테 물으셨는데, 그때 난 아무리 어렵고 힘들더라도 꼭 보내야 한다고 말했지.

어머니 돌아가셨을 때 빈소를 제대로 지키지 못하고 떠나온 것이 지금도 가슴이 아파. 도저히 그 자리에 있을 수가 없었어.

내가 철딱서니가 없어 어머니께 잘못한 것들이 너무 많아 견딜 수가 없었거든. 결국 중학교 2학년이었던 네가 상주 역할을 해야 했는데, 생각만 해도 가슴이 많이 아프지.

저는 장흥 부산면 동국민학교를 졸업했습니다. 졸업생 중 절반 정도가 중학교에 들어갔고, 나머지는 부산이나 마산 공단의 공장에 취직했습니다. 저는 교장선생님의 추천을 받아 장흥중학교에 입학금 없이 들어갈 수 있었습니다. 하지만 교복, 가방, 운동화, 교과서 등은 알아서 마련해야 했습니다.

어머니는 우리가 살던 텃밭 딸린 큰 집을 이웃의 방 두 칸짜리 초가집 오두막과 바꿔 그 차액으로 저의 학비를 댔습니다. 두꺼비는 '헌 집 주면 새 집 준다'는데 우리는 큰 집을 주고 오두막집을 받은 것입니다. 저는 장흥 읍내까지의 20리 통학길을 오가면서도 단한 번도 결석하지 않았습니다. 다만 수업료를 제때 내지 못해 중학교 3학년 때는 담임인 윤준식 선생님이 대신 내주기도 했습니다. 당시 전교 학생회장을 하며 1등을 놓치지 않았던 친구 안섭의 수업료도 윤준식 선생님이 내주셨습니다. 저와 안섭은 팔순이 넘은 윤준식 선생님을 지금도 가끔 찾아뵙고 인사를 드립니다.

가족이란 단어를 떠올릴 때마다 가슴이 먹먹합니다. 가끔 곰곰이 생각해봅니다. 아버지처럼 자존심 강했던 분이 어떻게 품팔이와 막노동을 할 수 있었을까. 어머니처럼 꼿꼿하셨던 분이 이 동네 저 동네 돌아다니며 어떻게 행상을 할 수 있었을까. 큰형님처럼 꼬장꼬장한 분이 '장남의 책임감'에 얼마나 많은 가슴앓이를 했을까. 어떻게 하든지 집안을 한번 일으켜보겠다는 그 일념에 얼마나 많은 밤을 잠 못 이루었을까. 책장을 펼 때마다 네 명의 동생들이 눈앞에 자꾸만 어른거렸을 것입니다.

신라 월명대사의 〈제망매가祭亡妹歌〉, 제목 그대로 '죽은 누이를 기리는 노래'입니다. 삶과 죽음은 한순간입니다. 종이 한 장 차이입니다. 같은 핏줄에서 난 형제도 순식간에 갈라집니다. "한 가지에 나고 가는 곳은 모르는" 것입니다. 태어나는 데는 순서가 있지만, 죽는 데는 순서가 없습니다. 권력무상, 인생무상. 월명대사는 죽은 누이를 위해 재를 올리면서 구슬프게 이 노래를 불렀습니다. "이른 가을바람에 떨어지는 낙엽처럼" 저승으로 간 그의 누이를 그렸습니다. 처연하고 아름답습니다. 일연스님은 《삼국유사》에서 "향가가 종종 천지와 귀신을 감동시켰다"라고 말했습니다.

저도 일찍이 세 형제를 잃었습니다. 저는 8남매(5남 3녀) 중 다섯째입니다. 형님 두 분에 누님 두 분 그리고 남동생 둘에 여동생 하나입니다. 하지만 누님들은 제가 초등학교에도 들어가기 전에 일찍 세상을 떠났고, 바로 아래 남동생은 제가 일곱 살 때 잃었습니다. 그 비애를 알 만한 나이는 아니었지만, 한 가지에 난 나뭇잎의 비유는 저의 가슴을 충분히 아프게 합니다.

큰형님을 생각할 때마다 《열하일기》의 연암 박지원(1737~1805)이 떠오릅니다. 박지원은 1787년(정조 11)에 형님을 잃었습니다. 그리고 한탄합니다. "돌아가신 아버지가 보고 싶을 때마다 형님의 얼굴을 봤는데 이젠 누구를 보느냐"라고 말입니다.

우리 형님 얼굴과 수염 누구를 닮았던고
돌아가신 아버님 생각날 때마다 우리 형님 쳐다봤지
이제 형님 그리우면 어드메서 본단 말고
두건 쓰고 도포 입고 가서 냇물에 비친 나를 보아야겠네

형제란 그런 것입니다. 성인이 되면 남자 형제들은 점점 말수가 줄어듭니다. 유년 시절 조그마한 것에도 서로 싸우고 드잡이를 했던 것들은 한순간에 불과합니다. 마냥 산과 들로 뛰어다니며 눈물 없이 즐거웠던 시절도 가뭇없이 사라졌습니다. 이제 그런 아리고 그리웠던 추억들은 가슴 저 밑바닥에 침전물로 남았습니다.

큰형님과 저의 길은 달랐지만 목표는 같았다고 할 수 있습니다. 어떻게 하든 집안을 다시 일으켜보겠다는 것입니다. 큰형님은 공무원 시험을 택했고, 저는 사업 쪽으로 방향을 잡았을 뿐입니다. 성공이니 실패니 그런 것은 부질없습니다. 중요한 것은 두 사람이

죽을힘을 다해 열심히 살았다는 것입니다. 가난에 대한 분노라고 나 할까, 설움이라고나 할까 그런 것이 오히려 삶에서 큰 에너지가 됐다고도 할 수 있습니다. 이제는 그런 분노나 불만이 많이 사그라진 것을 느낍니다. 새로운 에너지를 찾아서 새로운 길을 찾아가야 하는 것입니다.

그런 의미에서 방시혁 대표의 서울대학교 졸업식 축사가 다시금 구구절절 가슴에 와닿습니다.

여러분! 저는 꿈은 없지만 불만은 엄청 많은 사람입니다. (…) 세상에는 타협이 너무 많습니다. 분명 더 잘할 방법이 있는데도 사람들은 튀기 싫어서, 일 만드는 게 껄끄러우니까 주변 사람에게 폐 끼치는 게 싫어서, 혹은 원래 그렇게 했으니까, 갖가지 이유로 입을 다물고 현실에 안주하는데요. 전 태생적으로 그걸 못 하겠습니다. 제 일은 물론, 직접적으로 제 일이 아닌 경우에도 최선이 아닌 상황에 대해서 불만을 제기하게 되고 그럼에도 개선이 이루어지지 않으면 불만이 분노로까지 변하게 됩니다. (…)

그런 저의 성정은 제 작업과 제가 만든 회사의 일에도 똑같이 발휘됐습니다. 최고가 아닌 차선을 택하는 무사안일에 분노했고, 더 완벽한 콘텐츠를 만들 수 있는데 여러 상황을 평계로 적당한 선에서 끝내려는 관습과 관행에 화를 냈습니다. (…)

저는 혁명가는 아닙니다. 다만 음악 산업의 불합리, 부조리에 대해서 저는 간과할 수 없습니다. 외면하고 안주하고 타협하는 것은 제가 살아가는 방식이 아닙니다. 원대한 꿈이 있거나 미래에 대한 큰 그림이 있어서가 아닙니다. 그것이 지금 제 눈앞에 있고 저는 그것이 부당하다고 느끼기 때문입니다. 그리고 이제 저는, 그 분노가 제 소명이 됐다고 느낍니다.

음악 산업 종사자들이 정당한 평가를 받고 온당한 처우를 받을 수 있도록 화를 내는 것. 아티스트와 팬에 대해 부당한 비난과 폄하에 분노하는 것. 제가 생각하는 상식이 구현되도록 싸우는 것. 그것은 평생을 사랑하고 함께한 음악에 대한 저의 예의이기도 하고, 팬들과 아티스트들에 대한 존경과 감사이기도 하면서 마지막으로 제 스스로가 행복해지는 유일한 방법 같습니다. (…)

저는 별다른 꿈 대신 분노가 있었습니다. 납득할 수 없는 현실, 저를 불행하게 하는 상황과 싸우고, 화를 내고, 분노하며 여기까지 왔습니다. 그것이 저를 움직이게 한 원동력이었고 제가 멈출 수 없는 이유였습니다. (…)

개인적으로 제 묘비에 '불만 많던 방시혁, 행복하게 살다 좋은 사람으로 축복받으며 눈 감음'이라고 적히면 좋겠습니다. 상식이 통하고 음악 콘텐츠와 그 소비자가 정당한 평가를 받는 그날까지, 저 또한 하루하루를 치열하게 살아갈 겁니다. 격하게 분노하고, 소소하게 행복을 느끼면서 말입니다.

2

명동의
백한 바퀴

세종의 시작과 위기

저에게 명동은 경영 인생의 고향이라고 할 수 있습니다.
명동에서 쓰러졌다가 명동 땅을 짚고 다시 일어서기도 했습니다.
저는 지금도 명동만 떠올리면 가슴이 뜁니다.

1

나를 키운
명동

살구꽃이 피면 한 차례 모이고, 복숭아꽃이 피면 한 차례 모이고, 한여름 참외가 익을 때 한 차례 모이고, 서늘한 바람이 나면 서지西 池에 연꽃 놀이 삼아 한 차례 모이고, 국화꽃이 피면 한 차례 모이고, 겨울 큰 눈이 왔을 때 한 차례 모이고, 세밑에 분매盆梅가 피면 한 차례 모인다. 모일 때마다 술과 안주, 붓과 벼루를 준비하여 마시며 시를 읊조릴 수 있도록 한다. 나이 적은 사람부터 먼저 모임을 준비하여 한 차례 돌면 다시 그렇게 하되, 혹 아들을 본 사람이 있으면 모임을 마련하고, 수령으로 나가는 사람이 있으면 마련하고, 승진한 사람이 있으면 마련하고, 자제 중 과거에 급제한 사람이 있으면 마련한다.

다산 정약용(1762~1836)의 〈죽란시사첩竹欄詩社帖〉의 머리말입니다. 다산은 서울 명동 일대에서 젊은 시절을 보냈습니다. 열네 살이던 1776년 여름, 첫 신혼생활을 명동 셋집에서 시작했고, 바로 그곳에서 과거 준비도 했습니다. 친정이 회현동인 부인 풍산 홍씨는 누에치기로 남편의 뒷바라지를 했습니다. 다산은 그곳에 가정을 두고 성균관 생활을 6년 동안이나 했습니다. 그는 결코 우수한 학생이 아니었습니다. 입학 후 3년 동안 상위 등수에 들지도 못했습니다. 주변의 친구들은 하나둘 과거에 합격해 성균관을 떠나가는데, 다산은 무려 열세 번 넘게 낙방의 쓴맛을 봐야 했습니다.

　　1789년 신년 초에는 정조에게 불려가 '그렇게 해서 어찌 급제하겠느냐'며 혼쭐이 나기도 했습니다. 그게 약이 되었나요. 그해 다산은 과거에 급제해 벼슬길에 올랐고, 금정찰방(1795. 7~12)과 황해도 곡산부사(1797. 6~1799. 2) 시절을 빼놓고는 명동의 그 집에서 1800년 봄 낙향할 때까지 살았습니다. 열네 살 때부터 서른여덟 살까지 20여 년을 서울 명동에서 머무른 것입니다. 다산의 벼슬살이는 11년 정도였습니다. 그는 관리 시절 자신의 집을 살롱 삼아 동년배인 관료들과 '죽란시사'라는 문예 창작 모임을 만들어 틈만 나면 벗들과 시를 짓고 술을 마시며 낭만을 만끽했습니다.

　　제 나이 스물넷이었던 1982년 3월, 저는 명동에 회사를 설립하고 채권업에 뛰어들었습니다. 프로야구 스타가 화려하게 등장한 해이기도 합니다. 회사 이름은 크게 부흥하라는 뜻의 '대흥사'라고 지었습니다. 얼핏 고향 '장흥'과 그 뜻과 발음이 닮았습니다. 저도 모르게 '흥' 자를 붙이고 싶었는지도 모릅니다.

수중의 100만 원을 죄다 보증금으로 털어 넣고 다섯 평짜리 사무실을 월세 25만 원에 얻었습니다. 사무원 둘을 채용하고 책상 네 개를 놓았습니다. 처음에는 자본금이 없어 어음업자(사채놀이를 하는 사람)에게 한 달 이자 6부의 조건으로 2천만 원을 빌렸습니다. 그 이후 돈을 빌려준 그 어음업자는 제 사무실에서 살다시피 했습니다. 혹시나 돈을 돌려받지 못할까 봐 불안해서였을 것입니다.

당시 부동산 매매나 근저당 설정을 할 땐 주택 채권을 사야 했습니다. 의무적으로 매입한 주택 채권의 필증은 법원에 내고 채권 증서는 대부분 할인해 팔았습니다. 제가 변호사 사무실에서 일할 때 종종 사채업자를 연결해주는 경우가 많았는데, 한 사채업자에게 변호사 사무실에 근무하는 사람들을 소개해주는 조건으로 채권 장사하는 방법을 어깨너머로 배워둔 게 큰 도움이 됐습니다.

빌린 돈 2천만 원으로 채권을 할인해 사서 되파는 식으로 하루 대여섯 차례씩 회전시켰습니다. 당시 2천만 원이면 3,560만 원 상당의 채권을 구입할 수 있었습니다. 채권에 손댄 뒤 1년 만에 어음업자에게 빌린 원금 2천만 원을 다 갚을 수 있었습니다. 그리고 2,500만 원을 남겼습니다.

당시 할인 채권은 제가 직접 구입하는 게 아니라, 하부 조직인 '나까마'(현장 수집상)에게 주문하면 됐습니다. 가령 아침에 제가 국민주택 채권, 전화 채권을 몇 퍼센트 할인해 사달라고 주문하면, 그 날 저녁쯤이면 전국의 채권들이 나까마를 통해 명동의 채권 사무실로 들어오는 식입니다. 지방에 있는 나까마는 우편물로 채권을 보냅니다. 그러면 명동에는 전국의 채권들이 다 모이는 것입니다. 명동에 모인 채권은 국민주택 채권, 지하철 채권, 전화 채권 등 같은 종류끼리 분류된 뒤, 다시 큰 단위로 전문업자에게 매매됩니다. 이런 과정을 거쳐 증권회사에 넘겨집니다.

제가 취급하는 채권은 주로 전신전화 채권, 국민주택 채권이었습니다. 계약서도 없이 전화 통화로 모든 것을 결정했습니다. 오로지 가진 것이라고는 부지런함과 신용뿐이었습니다. 매일 명동 일대에 흩어져 있는 고객을 일일이 방문하여 친밀감을 쌓았습니다. 그러다 보니 언젠가부터 저에게 '명동의 백한 바퀴'라는 별명이 붙었습니다. 명동에서 '명동의 백 바퀴'라고 불리는 부지런하기로 소문난 사람이 있었는데 그 사람보다 제가 더 부지런하다는 것입니다.

그렇게 석쇠 철사처럼 촘촘하게 엮인 명동 골목길을 누비고 다녔습니다. 1985년까지 '명동의 아이디어 뱅크'로 불릴 정도로 기발한 생각으로 돈을 모았습니다. 어디서 '새로운 금융 기법'이라는 말만 들어도 자다가도 벌떡 일어나 메모하던 메모광이었습니다.

"그 나이에 명동을 만난 것은 어쩌면 나의 운명입니다. 그때 명동이 아무리 좋았다고 해도 그곳으로 이끄는 어떤 힘이랄까 그런 것이 없었다면 어찌 명동에 들어가 자리를 잡았겠습니까"《세종

20년 이야기》, 73쪽). 그때는 제가 명동을 찾아간 줄 알았는데 지나서 생각해보니 명동이 저를 부르고 받아들인 것입니다. 명동은 향후 기업인으로 살아가게 될 제 운명이 예비해둔 또 다른 탈출 통로였고, 월급쟁이에서 벗어나 처음으로 제 사업을 시작한 곳입니다.

그때 명동에는 은행과 증권회사가 모두 모여 있었습니다. 또한 명동에서는 제도권 금융과 사채업자가 결합되어 있었습니다. 당시에는 기업주가 은행에 회삿돈을 예금하면 은행으로부터 리베이트를 받았을 정도로 돈 있는 사람이 최고인 시절이기도 했습니다. 가령 1억 원을 예금하면 은행에서 300만 원을 리베이트로 떼 줬습니다. 그러다가 1980년대 중반 금융의 중심지가 여의도로 옮겨갔습니다.

조선 시대 한양 북촌은 집권당 노론 인사들이 살았고, 중촌인 청계천 인근은 중인들이, 명례방·회현방 등 남촌은 주로 가난한 남인 선비들이 살았습니다. 명례방 일대는 주류에서 소외된 양반들이 살던 곳입니다. 일제강점기에 한양 인구 44만 명 중 25퍼센트에 달하는 10만여 명의 일본인이 몰려 살았던 곳이 바로 남산을 중심으로 한 남촌이었습니다. 일본인들은 명동 일대를 '명치정'으로 불렀습니다. 당시 최고의 번화가는 단연 남대문로였고, 밤이 되면 '경성 긴자거리'로 통했던 대연각 뒷골목 일대는 조선은행(한국은행 본점), 미쓰코시백화점(신세계), 경성우체국(중앙우체국), 일본 상점들로 대낮처럼 환했습니다.

다산은 신혼 시절 회현동 처갓집과 고향인 남양주 능내 마현마을을 오가며 지냈습니다. 그러다가 1782년 3월, 어렵사리 남대문 안쪽에 집을 마련했습니다. 1783년 3월에 회현동으로 이사를 했고, 1785년에는 회현동의 다른 곳으로 옮겼습니다. 1787년 6월에 명동 쪽으로 이사를 한 후 그곳에 비로소 자리를 잡았습니다. 다소 안정을 찾았지만 가난한 남인 선비 신분을 벗어난 건 아니었습니다. 다산의 〈죽란화목기竹欄花木記〉에 다음과 같은 글이 나옵니다.

내 집은 명례방에 있다. 이곳에는 고관들 저택이 많아 번화한 네거리에는 날마다 수레바퀴와 말발굽이 서로 엇갈리며 달린다. 이곳은 아침저녁으로 완상할 연못이나 동산이 없다. 그래서 내 집 뜰의 절반을 잘라 좋은 꽃이나 과실나무를 구하여 화분에 심어 세워놓았다. (⋯)

그런 다음 오가는 종들이 옷자락으로 꽃을 건드리지 않도록 서까래처럼 생긴 대나무를 구해 그 동북쪽에다 울타리를 설치했다. 이것이 소위 '죽란竹欄'이다. 조정에서 물러나오면 건을 빗겨 쓰고 울타리를 따라 거닌다. 혹은 달빛 아래 홀로 술을 마시며 시를 짓기도 하는, 고요하여 산림이나 원포의 정취가 있었다. 시끄러운 수레 소리도 거의 잊어버릴 수 있게 되었다.

벼슬 3년 차(사간원 정언, 정6품)의 1791년 여름, 다산은 명례방에서 친구들과 술을 마시고 있었습니다. 갑자기 하늘에 먹장구름이 몰려오면서 마른 우레가 치기 시작했습니다. 그러자 다산이 벌떡 일어나 벗들의 소매를 잡아끌며 일어섰습니다. 세검정에 가서 쏟아지는 계곡물을 구경하자는 것입니다. 그렇게 그들은 우르르 일어나 말을 타고 세검정으로 달려 나갔습니다. 1795년 여름 장마철에 다산은 이곳을 다시 찾아 시를 짓고 놀았습니다. 그의 〈세검정에서 놀던 기록〉을 보면 그 광경이 눈앞에 그려집니다.

창의문을 나서자 벌써 손바닥만 한 빗방울이 두세 방울 떨어진다. 말을 빨리 달려 세검정 아래 이르렀다. 이미 수문 좌우의 골짜기 사이는 암코래 숫코래가 물을 뿜어내듯 했고, 옷소매 역시 빗방울로 얼룩덜룩했다. 정자에 올라 자리를 펴고 앉자, 난간 앞의 나무들은 미친 듯이 나부끼고 뿌려대는 빗방울로 한기가 뼈까지 스며들었다. 그러더니 비바람이 크게 일며 산의 물이 갑자기 들이닥쳤다. 순식간에 계곡과 골짜기를 메우고 울리며 물결이 일어 부딪치고 쿵쾅거렸다. 그 솟구친 물결에 모래와 바위가 일고 굴리며 와르르 달아난다. 물이 웅장하고 맹렬하게 정자의 주춧돌을 할퀴어서 서까래 난간이 흔들린다.

다산의 죽란시사 모임에는 벌칙도 있었습니다. "연회할 때 떠들썩하게 떠들어서 품위를 손상하는 계원에게 벌주 한 잔을 주고,

세상 사람의 과오를 들춰내 말하는 계원에게 벌주 한 잔을 준다", "모두와 함께하지 않고 사사로이 작은 술자리를 갖는 계원에게는 벌주 석 잔을 준다. 까닭 없이 모임에 불참할 때에도 벌주 석 잔을 준다" 등이 바로 그것입니다. 젊은 날, 다산의 명동 시절은 멋과 낭만이 차고 넘쳤습니다. 쌀은 귀하고, 집은 가난해도, 마당 가득 꽃은 만발했고, 벗들과 함께 술에다 시름까지 더해 마시며, 미치도록 노래까지 불렀습니다.

해방 이후 1946년 이 일대는 '밝은 마을'이란 뜻의 명동이 됐습니다. 그리고 대한민국의 금융·상업·문화 시설 등이 밀집하여, 1970년대 국립극장, 방송사 등 주요 시설이 다른 곳으로 옮겨갈 때까지 최고 전성기를 누렸습니다. 아직도 1950~1960년대 문화예술인들의 아지트였던 명동아동공원, 봉선화, 쉘브르, 은성주점 등의 자취가 남아 있습니다.

한마디로 저에게 명동은 경영 인생의 고향이라고 할 수 있습니다. 그곳에서 창업 토대를 닦고 사업 기반을 마련했습니다. 명동 골목을 구두굽이 수십 개나 닳도록 뛰어다녔습니다. 명동에서 쓰러졌다가 명동 땅을 짚고 다시 일어서기도 했습니다.

1980년대 서울 명동은 한국의 월스트리트나 마찬가지였습니다. 증권사와 어음할인업자 그리고 사채업자들이 모이는 곳이라 기업의 자금 조달처로 최고였던 것입니다. 1979년 7월 한국증권거래소(1956~2005)가 여의도로 떠나고 곧이어 증권사의 상당수가 여의도로 본사를 옮겼지만 1980년대까지도 명동의 월스트리트 기능은 여전했습니다.

명동 사채 시장에서는 1994년 약 34조 원(당시 국민총생산의 11.2퍼센트)이 조달되었다는 조사 보고서가 나온 적이 있습니다. 또한 한국금융연구원은 당시 국내 총 통화량의 26퍼센트가 명동 '지하금고'를 통해 유통됐다고 추정했습니다. 명동은 전국 사채 시장의 60~80퍼센트를 차지하는 것으로도 잘 알려져 있습니다.

어쩌다 명동에 가보면 격세지감을 느낍니다. 제가 누비던 시절이나 지금이나 인파는 여전하지만, 이젠 외국 여행객의 쇼핑거리가 된 듯합니다. 하루에 오가는 150만 명의 인파 대부분이 외국 여행객인 것 같습니다. 캐리어를 끌고 다니는 소리가 옛날 다산이 살던 시절 수레바퀴 소리만큼이나 귀에 거슬립니다. 길거리 음식에서 풍기는 온갖 냄새도 제 코에는 익숙하지 않습니다. 그만큼 시간이 흐른 것입니다.

제가 감히 다산 선생 같은 분과 어깨를 나란히 할 수는 없습니다. 다만 다산 선생이 10대부터 명동에서 꿈을 키우고, 또한 20대에는 성균관에 들어가 끈질긴 노력 끝에 과거에 급제한 뒤, 20대 후반에 이르러 마침내 벼슬살이에 이르는 과정이 왠지 남의 일 같지 않다는 생각이 듭니다. 역시 세상에는 거저 되는 것은 하나도 없습니다. 대개는 다산 선생은 쉽게 탄탄대로를 걸었을 일이라고 생각할 것입니다. 하지만 그런 그도 숱하게 과거에서 낙방했고, 서른이 코앞에 와서야 그 난관을 돌파했습니다.

저는 지금도 명동만 떠올리면 가슴이 뜁니다. 사막 어딘가에 숨어 있는 우물처럼 기분이 환해집니다. 그곳에서 1982년 3월 채권 매매 중개로 사업을 시작했습니다. 그리고 1998년 12월 세종증권을 인수한 후 ㈜세종기술투자가 종로 영풍빌딩으로 이사하면서 명동을 떠났습니다. 그렇게 17년 가까운 저의 명동 생활이 끝났습니다.

사업 초창기만 해도 채권 시장은 큰 관심을 받지 못하는 분야였습니다. 채권을 의무적으로 사야 했던 사람들 대부분이 만기를 기다리지 않고 할인해서 팔아버렸습니다. 이 채권들을 시중금리보다 더 큰 폭으로 할인하여 매입하면 원래보다 훨씬 큰 이자율로 매입한 것이나 다름없게 됩니다. 원리는 이렇게 간단합니다. 그렇다고 아무나 그 시장에 뛰어들 수 있었던 것은 아닙니다. 제가 남보다 그 일을 더 잘할 수 있었던 것은 매집 자금을 동원할 수 있을 뿐만 아니라 사들인 채권을 증권사에 납품할 수 있었기 때문입니다. 그것이 저의 최고 경쟁력이었습니다. 채권 매매는 아무나 할 수 있는 일이 아니었습니다. 납품할 채권 수량이 많아야 증권사를 상대로 할인 비율을 협상할 수 있었습니다.

운이 많이 따랐다고도 할 수 있습니다. 사법서사 사무소에서 익힌 등기 관련 업무도 큰 밑거름이 되었습니다. 명동에 막 발을 들여놓는 것과 때맞춰 채권을 제대로 배운 것도 그렇고, 채권 유통 경로로 인맥을 넓힌 것도 그렇습니다. 나중에는 큰손들의 신뢰까지 얻게 됐습니다. 1980년대 초반에는 그중의 한 명인 하 여사님의 도움을 받아 20억 원 규모의 자금을 운용할 수 있었습니다. 당시 서울 아파트 한 채가 1천만 원에서 2천만 원 정도에 거래됐으니, 20억 원의 가치를 짐작할 수 있을 것입니다. 하 여사님은 담보도 없이 저의 신용 하나만 믿고서 현금 보관증만 받고 큰돈을 빌려주신 것입니다. 저는 그 돈을 종잣돈 삼아 사업 기반을 닦을 수 있었습니다.

하 여사님은 함바집에서 시작해 큰돈을 번 땅부자였습니다. 저는 이분을 1977년 외삼촌의 신설동 사법서사 사무실에서 처음 만났습니다. 하 여사님은 돈을 빌려주고 그 담보로 채무자의 부동산을 가등기로 해둔 뒤 나중에 채무자가 돈을 갚지 못할 경우 가등기를 본등기로 이전해야 했는데 그 일을 맡기기 위해 부동산 등기업무의 달인이었던 외삼촌을 자주 찾아오셨던 분입니다. 1981년 초가을에 하 여사님을 우연히 명동 거리에서 다시 만났습니다. 하 여사님은 저를 보자마자 반갑게 인사하며 뭐하느냐고 물었고, 저는 채권 사업을 한다고 말했습니다. 그렇게 하 여사님과 저의 인연이다시 이어진 것입니다.

다산의 벼슬살이는 명동에서 시작하여 명동에서 끝났습니다. 다산에게도 저에게도 명동은 운명이었습니다.

2

주식투자 실패라는
비싼 수업료

인간의 욕심은 한이 없습니다. 행복과 불행은 함께 온다는 말은 틀림이 없습니다. 잘나갈 때 조심해야 한다는 말도 백번 지당한 말입니다. "상대를 알고 나를 알면, 백 번 싸워도 위태롭지 않다"라는 말이 가장 가슴에 와닿습니다. 《손자병법》에 나오는 유명한 구절입니다. 누구나 이 말을 잘 알고 있을 것입니다. 문제는 실제 어떻게 이해하느냐입니다.

대부분의 사람은 '상대 알기'에 훨씬 더 중점을 둡니다. 자신은 그 누구보다도 자신이 더 잘 안다고 확신합니다. 결국 '자신 알기'에는 그다지 주의를 기울이지 않습니다. 자신을 객관화해서 보는 일은 참으로 어렵습니다. 그래서 남을 알기보다 자신을 파악하는 것이 열 배 스무 배는 더 힘이 드는 것입니다. 과대도 과소도 아닌 정확하게 자신을 평가할 수 있는 사람은 그리 흔치 않습니다. 가장 먼저 알아야 할 것은 자기 '자신'입니다. 나부터 알고 남을 알아야지, 자기 자신을 제대로 알지 못하면 싸우나마나 그 결과는 뻔합니다.

역사상 좋은 예가 중국 초나라 항우와 한나라 유방의 경우입니다. 누구나 알다시피 항우는 천하의 영웅입니다. 힘과 재주가 모두 빼어나 대적할 상대가 없었습니다. 이에 비해 유방은 사람들 마음을 사로잡아 끌고 다니는 재주 이외에는 특별한 능력이 없었습니다. 그런데도 항우는 유방에게 여지없이 패배해 죽임을 당했습니다. 그 승패의 차이는 바로 항우가 자신의 장단점을 전혀 모르는 데 반해 유방은 자신의 처지를 너무나도 잘 알고 있었다는 것입니다.

항우는 마지막 한나라 대군에 겹겹이 포위된 순간까지도 "나는 지금까지 단 한 번도 패배한 적이 없다. 지금 이곳에서 큰 곤경에 처한 것은 전적으로 하늘이 나를 망하게 하려는 것일 뿐 내가 부족한 탓이 아니다"라고 큰소리칩니다. 당시 항우의 부하는 스물여덟 명에 불과했습니다. 그런데도 하늘 탓만 합니다. 《사기》〈회음후열전淮陰侯列傳〉은 한나라 건국에 큰 공을 세운 한신이 항우를 평하는 대목이 나옵니다. 그는 한때 항우의 신하였습니다.

항우가 성을 내고 크게 꾸짖으면 1천 명이 넘는 사람들이 모조리 그 앞에 엎드립니다. 하지만 훌륭한 장수를 믿고 그에게 병권을 맡기지는 못하니, 이는 단지 필부의 용기일 뿐입니다. 항우가 다른 사람을 대하는 태도는 늘 공손하고 자애로우며 말투도 부드럽습니다. 병자를 만나면 눈물을 흘리며 음식을 나눠 줍니다. 그러나 정작 자신이 부리는 사람이 공을 세워 상을 내려야 할 때는 인장이 닳아 망가질 때까지 주저하며 내주지 못하니, 이는 이른바 아녀자의 어짊일 뿐입니다.

유방은 자신의 지혜와 힘이 모자란 것을 너무나 잘 알고 있었습니다. 항우와 정면으로 맞서봐야 부질없는 일이라는 것을 정확하게 꿰뚫고 있었습니다. 그래서 그는 능력 있는 인재들을 모셔와 그들에게 전적으로 맡겼습니다. 그리고 그들의 말에 귀를 기울였습니다. 독불장군 항우가 다른 사람의 말을 전혀 듣지 않은 것과 좋은 대조가 됩니다. 《사기》〈고조본기高祖本紀〉에서 유방이 천하를 제패한 후 신하들에게 한 말에서 확인할 수 있습니다.

군막 안에서 계책을 세워 천리 밖의 승리를 결정짓는 지혜는 내가 장량만 못하오. 나라를 어루만져 안정시키고 백성을 위로하고 양식을 공급해 끊이지 않게 하는 능력은 내가 소하만 못하오. 100만 대군을 통솔해 싸우면 반드시 이기고, 공격하면 반드시 빼앗는 재주는 내가 한신만 못하오. 이들 세 사람은 모두 하나같이 천하에서 가장 뛰어난 인재로, 내가 능히 그들을 쓸 수 있었던 것이 바로 천하를 얻을 수 있었던 이유요. 항우에게는 단지 범증 한 사람이 있었을 뿐인데도 그조차 크게 쓰지 않았으니, 이것이 그가 나에게 패배한 까닭이오.

1989년 증권 시장의 종합주가지수가 1천 대까지 치솟았습니다. 1985년에 130선이었는데, 4년 만에 엄청나게 뛰어오른 것입니다. 순식간에 20~30배 껑충 뛰어오른 종목도 부지기수였습니다. 한때 30퍼센트에 육박하던 금리가 10퍼센트대로 내려오자 기업들의 숨통이 트였습니다. 그에 따라 기업들의 수익이 늘어났고 시중의 돈이 주식 시장으로 대거 몰려들었습니다.

때마침 저와 동업을 하던 변 사장은 자신의 모든 재산을 동원해 주식투자에 나섰습니다. 저와 동업할 때 투자한 자신의 지분까지 저한테 부탁해 빼내 쓸 정도였습니다. 아닌 게 아니라 그가 찍은 종목은 연일 상한가를 치고 있었습니다. 증권회사에 오랫동안 몸담았던지라 역시 보는 눈이 달랐습니다.

변 사장의 주식투자를 곁에서 지켜보면서 '나라고 못 할 게 뭐 있나'라는 생각을 했습니다. 변 사장의 돈 버는 모습을 보니, 수익성이 미미한 채권 사업이 하찮게 보이기 시작했습니다. 변 사장은 1989년 한 해 동안 주식투자로 100억 원을 넘게 벌었습니다. 저도 처음에는 배당금 2억 원으로 조심스럽게 주식투자에 나섰습니다. 그러다가 시나브로 채권을 아예 접어버리고 본격적으로 주식에 '몰빵'하기 시작했습니다. 전 재산도 모자라 지인들 돈까지 끌어

모았습니다. 안 산 종목이 없었을 정도였습니다. 그 종목들 중에서 상당수가 뻥튀기가 되어 돌아올 것이라고 생각하니, 하루하루가 구름 위를 걷는 듯했습니다. 세상에 이처럼 신나는 일이 또 있을까요? 장밋빛 환상에 부풀어 가슴 설렜고, 밥을 먹지 않아도 배가 불렀습니다.

딱 거기까지였습니다. 어느 날 정신을 차리고 보니, 주식 시장은 하루아침에 바람 빠진 고무풍선이 되어 있었습니다. 폭삭 망해 20억 빚더미에 앉게 된 것입니다. 어음 발행만 안 했을 뿐이지 사실상 부도나 마찬가지였습니다. 동업자 변 사장은 일찌감치 눈치를 채고 지분을 빼내 간 지 오래였습니다. 그 과정에서 변 사장과 크게 싸워 동업 관계마저 깨져버렸습니다. 그즈음 제 일기를 들여다보면 온통 고민뿐입니다.

염려했던 대로 주가가 많이 내렸다. 그리고 주식을 투자하는 사람의 심리가 극도로 불안한 상태에 있다. 그러나 이제부터는 반대로 주식을 매입해 들어가는 시점이라고 본다. 증권사 각 지점에서 지점장들도 똑같은 의견이다. 단 1~2개월간 횡보한다는 것이 또한 비슷한 의견이기도 하다. 오늘 현재 현대건설 3만 1천 원, 효성물산 2만 원. 그동안 주가가 20퍼센트 정도 떨어지면서도 거래는 꾸준히 활발하게 이루어지고 있고, 고객 예탁금이나 기타 호재성 재료들이 포진하고 있어 어쩌면 예측보다 빠르게 주가가 탄력을 받을 수도 있을 듯싶다. 이제부터 차분하게 주식을 역전시키고, 흐름을 역전 시키는 지혜가 필요할 듯싶다. 1월 들어와서 너무 희생이 큰 투자 를 하였고, 1~2주라는 짧은 기간을 인내하지 못하고 객관성과 포괄 성이 결여된 주관적이고 지엽적인 투자를 했다. 미친 내 자신의 투 자에 대해서는 뼈를 깎는 반성과 성찰이 있어야 할 것이다. (1989년 1월 19일)

3개월 동안에 부채가 1억 원이 늘었다. 금년 목표는 이 부채를 정리 하는 일이다. 그러기 위해서는 무엇을 어떻게 해야 할 것인가를 생각 하자. 그리고 연구하고 계산하여 기어이 이 부채를 갚아야 살아갈 수 있다. 이달 안으로 이 부채를 갚을 수 있는 정답을 얻고 나머지 9개 월은 이 답을 풀기 위해 행동하고 살아갈 것이다. (1989년 3월 9일)

기사년도 이제 저물어가고 있다. 금년 한 해 동안 성장하려고 무척 노력을 많이 하였으나 결과는 별로 좋은 성과를 거두지 못하였다. 연초에 주식투자 손실로 부채를 정리하지 못하고 1년 내내 부채의 고민 덩어리에 시달리다 결국은 그 부채를 안고 해를 넘어가야 하 는 불행을 감수하게 되었으며, 돈을 벌 수 있는 경제적 환경은 더욱 암담하기만 하다. (1989년 12월 15일)

눈앞이 캄캄하고 참담했습니다. 자살이냐, 미국으로 줄행랑이

냐, 그 두 가지 생각밖에 없었습니다. 고민 끝에 아내에게 사정을 털어놓았습니다. 이때 아내는 주식을 정리하고 다시 시작해보자고 저를 설득했습니다. 아내는 "남의 돈을 쓰고 미수까지 해서 그렇지, 당신 돈만 가지고 했으면 이렇게까지는 되지는 않았을 거예요"라며 따끔한 충고를 했습니다.

사실 그랬습니다. 주식 거래로 입은 손해라기보다 빌린 돈의 이자와 증권 거래 수수료, 거래세로 돈이 다 새어 나간 것입니다. 남의 돈을 끌어다 쓰면서 이자 나가는 것에 둔감했고, 기한이 한 달인 미수 때문에 사고팔기를 반복하느라, 0.5퍼센트나 되는 수수료와 0.3퍼센트에 달하는 거래세는 신경을 쓰지 못한 것입니다. 채권자들에게 사죄하고 양해를 구하는 수밖에 도리가 없었습니다.

제가 잠시 주식에 눈이 뒤집혀서 그랬으니 저를 믿어주십시오. 지금은 다 말아먹어 이자는커녕 원금조차 갚을 수 없습니다. 꼭 갚을 테니 우선 이자만 동결해주십시오. 그러면 다시 일어설 자신이 있습니다. 저를 한 번 더 믿어주십시오.

어느 채권자는 제 뺨을 쳤습니다. 또 어느 채권자는 그걸 어떻게 믿느냐며 악담을 퍼부었습니다. 하지만 그분들이라고 뾰족한 수가 있을 리 없었습니다. 당시로서는 저를 믿고 기다리는 수밖에 다른 방법이 없었던 것입니다. 그렇게 가까스로 채권자들을 달래고 재기의 발판을 마련했습니다. 아내가 모아놓은 2억 원을 종잣돈 삼아 다시 본업인 채권으로 돌아왔습니다. 남의 떡이 커 보이면 반드시 망한다는 사실을 뼈저리게 깨달았습니다.

저는 상대인 주식도 몰랐고, 투자자인 제 자신도 너무 몰랐습니다. 잘 알지도 못하면서 주식에 뛰어들었고, 그쯤이야 나도 할 수 있다는 자만심에 빠져 있었습니다. 독불장군 항우와 다를 게 하나도 없었습니다. 한마디로 자신의 주제도 모르면서 일확천금에 눈이 먼 것입니다. 주변에서 칭찬하는 말에 우쭐하여 이성을 잃은 것입니다. 문득《육조단경》에서 육조 혜능선사가 자신의 깨달음을 이야기했던 '자성득력自性得力'이란 구절이 떠오릅니다. 꾸준한 각성과 자기성찰의 노력을 통해 자기본성을 깨우치고 이를 발판으로 비로소 확고한 힘을 얻게 되는 것입니다

3

기회가 아닌
위기는 없다

요즘 '거꾸로 세계지도'가 화제입니다. 북반구가 아래에 있고, 남반구가 위로 올라간 형태의 세계지도를 말합니다. 그렇게 보면 우리 한반도가 완전히 다르게 보입니다. 더 이상 유라시아 대륙에 힘겹게 매달려 있는 작은 땅이 아니라, 중국과 러시아를 발판으로 삼고 드넓은 태평양을 향해 솟구친 모습입니다. 마치 광활한 대양을 향해 쭉 뻗은 부두라고나 할까요.게다가 일본 열도는 흡사 그 부두를 보호하는 방파제와 같습니다.

　그렇습니다. 사물은 어떻게 보느냐에 따라 생각이 180도로 달라집니다. 거꾸로 보면 한반도는 허리가 잘려 대륙의 길이 막힌 답답한 땅이 아닙니다. 한반도는 대양으로 향하는 천혜의 전진기지입니다. 또한 일본 열도를 향하여 날카롭게 솟은 비수 같기도 하고,

거대한 중국 대륙에 붙어 있는, 우리 몸의 필수불가결한 길쭉한 간 같기도 합니다. 몸이 아무리 좋다고 해도 간이 없으면 살 수 없습니다. 중국이 아무리 크더라도 한반도를 우습게 보다가는 큰코다칩니다.

1993년 8월 12일 오후 7시 48분, 금융실명제 실시가 전격 발표되었습니다. 날벼락 같은 소식이 저에게 기회가 될 줄은 꿈에도 몰랐습니다. 당시 저는 마음을 다잡고 절치부심하고 있었습니다. 일확천금의 허황된 생각을 버리고, 아내가 모아준 2억 원을 종잣돈 삼아 재기를 노리고 있었습니다. 처음부터 다시 시작한다는 각오였지만, 그게 쉬운 일은 아니었습니다.

무엇보다도 자금 부족이 가장 큰 어려움이었습니다. 명동 자금 시장에서 주식에 손댔다가 망했다는 것은 커다란 약점이었습니다. 신용에 금이 간 것을 뜻하기 때문입니다. 신용이 좋을 때만 해도 저를 찾는 투자자들이 줄을 이었습니다. 하지만 주식 실패 이후로는 아무도 저를 거들떠보지 않았습니다. 그게 바로 강호의 법칙입니다. 겨우겨우 사업을 꾸려가고는 있었지만, 매달 갚아야 하는 1천만 원의 빚도 버거웠습니다. 더구나 그때 막 활성화되기 시작하던 공모 전환사채를 그냥 보고만 있자니 속이 탔습니다. 투자하고 싶은 마음은 굴뚝 같았지만 자금이 없으니 그림의 떡이었던 것입니다.

금융실명제는 개인이든 기업이든, 금융기관과 거래할 때 실명이 아니면 거래할 수 없는 제도입니다. 1980년대 초반 이철희·장영자 거액 어음 사기사건 등의 대형 금융 사고를 계기로 실명제 도입 여론이 비등했었지만 후유증을 우려해 차일피일 미뤄왔던 제도였습니다.

세상에는 떳떳한 돈도 있지만, 실명을 밝히기에 구린 돈도 많습니다. 또한 기구한 사연의 돈도 있습니다. 그 어떤 돈이든 2개월 이내에 실명을 밝히지 않으면 공중에 뜨거나 세무조사의 칼날이 들어올 판이었습니다. 가명계좌, 차명계좌, 무기명 양도성 예금증서를 하루빨리 실명으로 바꿔야만 했습니다.

명동 자금 시장도 소란스러워졌습니다. 너도나도 숨어 있는 현금을 찾기 위해 눈에 불을 켰습니다. "양도성 예금, 가명·차명 계좌를 현금으로 바꿔주면 수수료로 5퍼센트를 주겠다"는 파격적인 조건이 내걸렸습니다. 저에게는 절호의 기회였습니다. 저는 은행과 증권사를 매개로 하여 숨어 있는 현금을 끌어내기 시작했습니다. 그렇게 약 200억 원을 찾아주고 그 수수료로 10억 원을 받았습니다.

그 돈으로 빚부터 모두 갚았습니다. 채권자들은 거의 포기했던 돈이 돌아오자 저를 환하게 맞았습니다. 당연히 신용도 되찾았고, 투자자들이 다시 돈을 맡기기 시작했습니다. 자금 능력이 회복된 것입니다. 그 자금으로 그동안 투자에 애를 태웠던 전환사채에 눈길을 돌렸습니다. 전환사채란 일정한 조건만 맞으면 발행회사의 주식으로 전환할 수 있는 채권을 말합니다. 당시로서는 주식과 채권을 융합한 신상품이었습니다. 전환사채 투자를 계기로 그동안 국공채 사업에 집중했던 것에서 벗어나 새로운 영역으로 발을 넓히기 시작했습니다.

전환사채 발행 절차는 일반 주식의 절차와 비슷합니다. 청약자 개인에게 돌아가는 분량은 경쟁률에 따라 결정됩니다. 저는 청약자들이 받은 전환사채를 2~3퍼센트 마진을 얹어 사들였습니다. 여기에 발행 회사를 통하여 직접 받은 전환사채를 보태 기관 투자자들에게 팔았습니다. 기관 투자자들은 마다할 이유가 없었습니다. 최소한의 이익이 보장되면서 주가 변동 여부에 따라 더 큰 이익을 낼 수도 있기 때문입니다. 게다가 주식으로 전환할 기회까지 보장되니 일석삼조의 효과를 기대할 수 있었습니다. 저는 기관 투자자들에게 말했습니다.

여기, 연이율 9퍼센트에 만기 3년짜리 전환사채를 현재 시세보다 10퍼센트만 더 주십시오. 주가가 내려가면 전환사채 가격도 함께 하락하겠지만, 3년짜리니까 주가 하락으로 인한 손해가 있어도 채권 만기 때는 17퍼센트 이익입니다. 그러니 채권만큼의 이익은 보지 못할지라도 최소한 본전은 잃지 않습니다. 반면에 주가가 상승하면 오른 만큼 통째로 이익이 나니까 간접적으로는 주식투자 효과도 볼 수 있습니다. 지금 국공채 시장은 내리막길로 접어들었습니다. 앞으로는 전환사채가 쏠쏠한 수입원이 될 것입니다.

이렇게 전환사채를 증권 시장에 몇 번 굴려 50억 원가량의 자금을 확보할 수 있었습니다. 이 돈으로 1997년 2월 (주)홍승파이낸스의 자본금을 30억 원으로 증자했습니다. 사업 자금이 모자라 애를 태우던 시기에 금융실명제 실시를 계기로 사업 자금을 마련할 수 있었던 것입니다.

사마천의 《사기》 〈화식열전〉에 보면 범려라는 사람이 나옵니다. 오늘날 중국인이 '장사의 신', '재물의 신'으로 떠받드는 인물입니다. 원래 그는 춘추 시대 월나라 왕 구천의 책사였습니다. 구천을 도와 당시 강국이었던 오나라를 무너뜨리고 월나라의 패업을 이룬 일등공신입니다. 그런데 월왕 구천이 패업을 이루자마자 범려는 스스로 관직에서 물러나 월나라를 떠났습니다. 그는 떠나면서 '토끼를 잡으면 사냥개는 삶아 먹힌다'는 뜻의 '토사구팽兎死拘烹'이라는 유명한 말을 남겼습니다.

그는 제나라에 가서 치이자피鴟夷子皮(술고래)라고 이름을 바꾸고 장사를 하여 천만금을 벌었습니다. 범려는 돈을 어느 정도 벌면 사람들에게 모두 나눠 주곤 했습니다. 그러다 보니 제나라 곳곳에 소문이 퍼졌고, 결국 제나라 조정에서는 범려를 재상으로 모셔가려고 했습니다. 그러자 범려는 다시 그동안 모았던 재산을 사람들에게 줘버리고 그곳을 떠났습니다. 재물과 권력 그리고 명성을 모두 거머쥐면 세상 사람의 시기와 원망의 대상이 된다고 여겼기 때문입니다.

범려는 이번에는 교통과 교역의 중심지인 도陶 땅에 자리를 잡고 이름을 '주공朱公'으로 바꿨습니다. 도주공이 된 것입니다. 도주공은 그곳에서 19년 동안 장사에 열중하여 세 번에 걸쳐 천금에 달하는 재물을 모았습니다. 그리고 그때마다 그것을 친구와 가난한 이웃에게 아낌없이 나눠 줬습니다. 원래 범려는 정치가, 행정가, 군사책사로서 뛰어난 사람이었습니다. 그런데 어떻게 상인으로서도 성공하여 천하제일 부자라는 소리를 들을 수 있었을까요? 그의 스승이 범려에게 해줬다는 말에 해답이 있습니다. 〈화식열전〉에서는 다음과 같이 이릅니다.

전쟁이 일어날 것을 알면 미리 방비를 한다. 때에 따른 쓰임을 알면 그때그때 필요한 물건이 어떤 것인지 안다. 이 두 가지를 확실하게 아는 사람은 재물의 이치도 깨닫게 된다. (…) 풍년이 들어 쌀값이 한 말에 20전으로 떨어지면 농민이 고통받고, 큰 흉년이 들어 쌀값이 한 말에 90전으로 오르면 상인이 고통받는다. 상인이 고통받을 땐 상품이 잘 유통되지 않고, 농민이 고통받을 땐 논밭이 황폐하게 된다. (…) 쌀값을 안정시키고 물자가 고르게 유통되게 해 관문과 시장에 물건이 풍족하도록 만드는 것이 곧 나라를 잘 다스리는 법이다. (…) 물건이 많은지 부족한지 살피면 그것의 귀천을 알 수 있다. 물건의 값이 오를 대로 오르면 도리어 헐값이 되고, 떨어질 대로 떨어지면 다시 비싸진다. 값이 오를 때 오물을 배설하듯이 팔고,

값이 떨어질 땐 귀한 구슬을 손에 넣듯이 사들인다. 이처럼 물자와 돈은 마치 흐르는 물처럼 활발하게 유통되도록 해야 한다.

한마디로 나라와 군대와 재물을 다스리는 이치가 하나도 다르지 않다는 이야기일 것입니다. 그게 무엇이든 현실의 흐름과 변화 과정을 면밀하게 살펴서 그것에 맞춰 물 흐르듯이 대응해야 한다는 것입니다. 그렇게 벌려는 시세의 흐름과 변화를 살핀 뒤, 물건을 사들이고 내다 파는 방법으로 큰 부자가 됐습니다. 세상의 흐름을 살핀다는 것은 곧 사람의 마음을 손바닥 보듯이 읽는다는 뜻이라고 생각합니다. 사람의 마음을 헤아리는 상인이라면 장사하기가 얼마나 쉬웠을까요.

1997년 IMF 외환위기는 국가 부도 위기의 절체절명의 순간이었습니다. 그해 9월 말에 국내 25개 일반 은행과 6개 특수 은행의 무수익 여신은 무려 28조 2,346억 원에 달했습니다. 금융기관들은 부랴부랴 기존 대출금 회수에 나섰고, 신규 대출도 막아버렸습니다. 이 여파로 기업들은 자금 압박에 피를 말렸고 결국 부도 사태로 나가떨어졌습니다. 증권 시장도 10월 16일에 종합주가지수 600선이 무너졌고, 외국인 투자자들은 썰물처럼 한국에서 빠져나갔습니다. 환율도 급격하게 치솟았고, 급기야 정부는 11월 23일 IMF에 구제 금융을 신청해야만 했습니다. 결국 12월 23일에 구제 금융 지원이 결정됐지만 그럼에도 불구하고 한국 경제는 살얼음

판을 걷고 있었습니다. 12월 들어 종합주가지수 400선이 붕괴되었고, 금리는 25퍼센트로 폭등했으며, 환율도 끝을 모르고 치솟았습니다.

당시 한보, 삼미, 한신공영, 진로, 대농, 기아, 쌍방울, 바로크가구, 태일정밀, 해태, 뉴코아, 한라, 청구 등 국내의 내로라하는 기업들이 속절없이 쓰러졌습니다. 거의 모든 기업이 만기가 도래한 회사채를 막지 못해 전전긍긍했고, 금리도 천정부지로 솟구쳤습니다. 회사마다 살아남는 게 최우선 과제였습니다. 제가 그동안 사놓았던 주식이며 전환사채도 두어 달 사이에 모두 반토막이 나버렸습니다. 그래도 한 번 실패했던 경험이 있어서 그런지 크게 당황하지는 않았습니다.

1997년 12월 9일 저는 자본금 100억 원을 조성하여 (주)세종기술투자를 설립했습니다. 세종기술투자는 중소기업청이 인가한 창업투자회사입니다. 저는 내심 이 회사를 향후 사업의 성장 동력으로 삼으려고 했습니다. 전문 인력도 대거 영입하여 전열을 가다듬었습니다.

저는 시장의 흐름을 예의 주시하고 있었습니다. 당시 상황은 1980년대 초와 비슷했습니다. 그때는 대통령의 유고로 정국이 불안정한 데다 2차 오일 쇼크까지 겹쳐 시중금리가 27퍼센트까지, 회사채금리가 34퍼센트까지 올라갔습니다. 하지만 얼마 지나지 않아 모든 것이 제자리를 찾고 회사채금리도 13퍼센트로 떨어졌습니다. IMF 외환위기 때도 회사채금리가 30퍼센트 가까이 올랐습니다. 오를 데까지 오른 것입니다. 저는 그 이상은 오르지 않는다고 봤습니다. 그때 만기가 오는 회사채를 연장해줘야 한다고 생각했습니다. 연장해주지 않으면 모두 쓰러질 판이었으니까요.

저는 무협지에 나오는 '이독제독以毒制毒' 방법이 유일한 해결책이라고 봤습니다. 천하의 절세고수도 독공毒攻으로 입은 상처는 치명적입니다. 이때는 오로지 독毒으로 다스려야 살 수 있습니다. 유동성 위기는 유동성으로 제압해야 한다는 이야기입니다. 유동성 위기를 겪고 있는 기업들에게 가장 큰 문제는 만기가 도래한 회사채입니다. 금리가 아무리 높아도 그것부터 막아야 살 수 있으니 다른 도리가 없었습니다.

저는 30대 그룹 중 사정이 낫다고 판단되는 회사를 대상으로 회사채 전량을 팔아줄 테니 세종기술투자한테 전량을 일임해달라고 요청했습니다. 정해진 기일까지 못 팔면 발행금액의 두 배를 물어주겠다는 약정까지 해줬습니다. 대신 그들로부터는 회사 인감증명이 붙은 위임장을 받아냈습니다. 만약 채권을 살 사람이 없으면 제가 몽땅 그 손해를 떠안게 되는 것입니다.

그들도 자본금이 100억 원밖에 되지 않는 세종기술투자를 믿고 전량을 일임하기는 쉽지 않았을 것입니다. 하지만 회사로서는 회사채를 할인해서라도 팔아야 시시각각 다가오는 유동성 위기를 넘길 수 있었습니다. 명동에서 급전을 빌리면 어음 같은 경우 이자율이 연 50퍼센트에 이르던 시절이었습니다. 기업 입장에서야 울고 싶은데 뺨 때려주는 셈으로 얼씨구나 쌍수를 들어 환영할 수밖에 없었던 것입니다. 물론 제 뒤에는 내로라하는 투신사, 종금사 실무자들이 여차하면 나설 채비를 하고 있었습니다. 그만큼 자신이 있었습니다.

그렇게 신용우량등급인 성신양회, 두산, 한솔제지 등 20개 가까운 기업에서 회사채 5,460억 원 분량의 판매를 떠안았습니다. 장차 회사채를 발행하면 계약 당시 약정한 수익률대로 이를 매수하기로 하되, 이를 지키지 않으면 상대방에게 위약금을 배상하기로 하는, 말하자면 금리 선물 거래 방식이었습니다. 거래는 '회사채 발행회사 → 형식상 인수회사 A(종금·증권사) → 실질 인수회사(세종기술투자) → 형식상 인수회사 B(종금·증권사) → 기관 투자자(투신)' 5단계로 이루어졌습니다. 거래는 보통 2개월쯤 걸렸는데, 그사이 금리는 5~7퍼센트포인트가 떨어졌습니다. 바로 그만큼 수익이 나는 것입니다.

한마디로 당사자가 모두 만족한 일석삼조의 거래였습니다. 저에게 회사채 전량 판매를 맡긴 회사들은 모두 자금난을 극복하고 더욱 튼실해졌습니다. 또한 투자신탁회사와 증권사 등 기관투자자들도 많은 이익을 냈습니다. 저도 1998년 한 해 동안 거둔 수익이 대략 530억 원에 이르렀습니다. 하지만 금융 당국의 시각은 달랐습니다. 이것이 불씨가 되어, 저는 이후에 검찰의 수사를 받게 됩니다. 하지만 다음과 같이 확실한 배움도 얻었습니다.

나는 시장에서 커왔다. 시장에서 이기지 못하면 사업을 유지할 수가 없었다. 그래서 누구에게도 시장의 흐름을 보는 능력은 뒤지지 않는다고 본다. 그런데 시장의 흐름을 읽는 능력도 중요하지만 무슨 사업이건 따르게 마련인 리스크를 고려하면서 과감한 결단을 통해 일을 추진하는 게 필요하다. 나는 이 점에서도 남에게 뒤지지 않는다. 또 사람들은 어떤 사업을 추진할 때 남들이 하지 않는 초기에 하면 항상 불안해한다. 하지만 나는 이것이 생활화되어 오히려 남들이 하지 않을 때 사업을 하는 게 더 안전하다고 느낀다.

(〈한겨레21〉, 2000년 4월 13일 자 인터뷰)

4

세종증권
깃발을 들다

18년 동안 금융을 만져오면서 제도권 안에 없었던 게 항상 한계로 느껴졌다. 외환위기를 이런 한계를 극복할 기회라고 판단했다. 그래서 이때를 생사의 갈림길로 여기고 동아증권 인수를 결정한 것이다. (《한겨레21》, 2000년 4월 13일 자 인터뷰)

통상적으로 금리가 내려가면 주가가 올라요. 앞으로 주식의 시대가 될 것으로 내다봤지요. 그런데 저는 주식투자에서 실패했어요. 흐름은 알겠는데 구체적으로 어떤 종목이 오르는지 모르겠더라고요. 그렇다고 포트폴리오(분산투자)를 많이 할 수는 없고…. 1980년대 초 양재봉 회장이 대신증권을 맡아 크게 키우고, 김재철 회장이 한신증권을 인수해 동원증권으로 키우는 것을 보니까, 증권 시장이

복싱선수가 링 밖에 있으면 아무리 실력이 좋아도 소용이 없습니다. 링 밖에서 혼자 '난 세계챔피언 실력'이라고 외쳐봤자, 세상의 조롱거리가 되기 십상입니다. 복싱선수는 죽으나 사나 링 안에서 싸워야 인정을 받습니다. 물론 실력으로만 보면 고수는 꼭 링 안에만 있는 것은 아닙니다. 무협지만 봐도 강호세계에 숨은 절세고수들이 얼마나 많습니까.

1998년 8월 4일, 마침내 저는 동아증권 지분 33퍼센트를 확보해 경영권을 인수했습니다. 그때까지 저는 16년 동안 금융계의 재야에서 장외 사업가로 활동했습니다. 때론 북받치는 설움도 있었고, 때론 뼈저린 한계도 느꼈습니다. 동아증권 인수는 저의 숙원 사업이었고, 제도권 진입의 교두보를 확보한 것이었습니다. 1998년 8월 4일, 동아증권을 세종증권으로 이름을 바꾸고 힘차게 첫출발을 했습니다.

세상에 보란 듯이 잘해보고 싶었습니다. 세종증권을 최고의 증권회사로 만들어보고 싶었습니다. 물론 링 밖에서 보면 '링 안의 대결'이 잘 보입니다. 두 복서의 장단점이 환히 보입니다. 그래서 관전자는 간혹 착각을 합니다. '내가 링 안에 들어가 싸우면 훨씬 더 잘할 수 있는데'라는 생각이 바로 그것입니다. 그러다가 막상 자신이 링 안에 들어가면 마음먹은 대로 잘되지 않습니다. 그게 바로 세상 이치입니다. 그래서 저는 늘 장외 사업자일 때의 시각을 잊지 않기 위해 노력했습니다.

인수 당시 동아증권은 업계 하위권을 맴돌았고, 부실 증권사라는 불명예를 안고 있었습니다. 신선한 이미지, 즉 고객에게 신뢰를 줄 수 있는 새바람이 절실했습니다. 1998년 8월 17일, 인터넷 증권 거래 수수료를 0.5퍼센트에서 0.25퍼센트로 전격 내렸습니다. 인수한 지 13일밖에 되지 않은 시점이었습니다. 이것은 증권업계의 암묵적인 수수료 카르텔을 깨겠다는 선전 포고나 다름없었습니다. 그리고 한 달 후인 9월 중순, 당시로선 생소했던 이름의 '사이버' 증권거래소 '사이버월드'를 개통했습니다. 동시에 전국에 TV광고를 시작했습니다.

고객의 반응은 폭발적이었습니다. 신규 고객의 계좌 개설 신청이 폭주해서 자정 이후까지 업무를 봐야 할 정도였습니다. 저는 그것에 만족하지 않았습니다. 그래서 주요 고객에게 무선통신 거래 서비스용 단말기를 무료로 지급했습니다. 대당 25만 원짜리 단말기를 1천만 원 이상 계좌를 튼 고객에게 공짜로 나눠준 것입니다. 세종증권의 시장점유율(10퍼센트)이 1년 새 업계 10위로 올라섰습니다. 직원도 동아증권 인수 당시 130여 명에서 840명으로 늘어났습니다. 2만 명이 채 안 됐던 고객 수도 8만여 명으로 불어나 있었습니다.

자고 나면 쑥쑥 크는 아이처럼 회사에 활력과 신바람이 철철 넘쳤습니다. 저는 1999년 3월 여의도에 첫 사이버 영업소를 열었습니다. 사이버 영업소는 단말기 PC만 설치하면 되기 때문에 객장이 작아도 관계없었고, 직원 두세 명으로 운영이 가능했습니다. 당시 증권회사 객장의 상징물이었던 전광판도 필요 없었습니다. 개설과 운영 비용이 기존 객장의 10퍼센트 정도밖에 들지 않았습니다. 사이버 영업소를 점차 확대해 전국에 31곳을 설치했습니다. 인수 1년여 만인 1999년 9월, 상반기 결산에서 624억 원의 순이익을 냈습니다.

2000년 8월에는 한국IBM과 손잡고 차세대 금융정보 시스템인 넥시스를 개발하여 가동했습니다. 이 시스템의 도입으로 영업과 마케팅이 날개를 달았습니다. 고객과 24시간 일대일 마케팅을 할 수 있고, 영업사원은 고객과 대면한 자리에서 인터넷을 통해 모든 업무를 처리할 수 있게 되었습니다.

1999년 11월에는 홍승캐피탈에서 SDN으로 이름을 바꿨습니다. SDN은 세종증권과 세종기술투자를 자회사로 두고 세종증권의 자회사인 세종투자신탁운용을 손자회사로 거느리는 모회사가 됐습니다. 아무래도 사업을 벌이다 보니 더 많은 금융이 필요했습니다. 그런데 대주주가 개인이면 대외적으로 신용 창출에 한계가 있기 때문에 법인 형태로 만든 것입니다. 미국에서는 그런 방식으로 자회사를 거느리고 있었습니다. 흩어져 있는 보유 주식을 한 개의 법인으로 모아야 했습니다. 그렇게 하다 보니 SDN은 당시 공정거래법상 신고의무인 지주회사의 요건에 딱 들어맞았습니다.

당시 공정거래법에서는 자산총액 100억 원 이상인 회사로서 총 자산의 50퍼센트 이상을 자회사 주식이 차지하고 있으면 지주회사에 해당하여 지주회사로 신고하게 되어 있었습니다. 지주회사가 되면 ① 부채비율 100퍼센트 초과 금지, ② 자회사 아닌 국내 회사의 지배 목적 소유 금지, ③ 자회사 지분 50퍼센트(상장회사는 30퍼센트) 미만 소유 금지, ④ 금융자회사와 비금융자회사의 동시 보유 금지 등의 행위 제한이 있습니다.

당시 SDN은 부채비율이 92.7퍼센트였고, 세종증권의 주식을 39퍼센트 소유하는 등 지주회사 조건을 충족하고 있었습니다. 결국 2000년 6월 28일 공정거래위원회는 SDN이 신청한 지주회사 설립 신고를 받아들였습니다. 공정거래법상 금융지주회사 '1호 등록'이었습니다. 2000년 6월 29일 자 〈한국경제신문〉에 기사가 실렸습니다.

공정거래위원회는 세종증권의 모기업인 SDN이 공정거래법에 따른 첫 금융지주회사로 등록됐다고 2000년 6월 28일 발표했다. 공정위는 파이낸스업과 인터넷 방송업을 겸하는 SDN이 세종증권과 세종기술투자를 자회사로, 세종증권의 자회사인 세종투자신탁운용을 손자회사로 거느린 지주회사로 전환하겠다고 신고해 와 이를 수리하였다고 밝혔다. 공정위는 SDN의 부채 비율이 92.7퍼센트(1999년 말 기준)로 100퍼센트 이내 기준을 지켰고, 비금융회사 주식 소유 금지 조항도 충족한 것으로 확인됐다고 설명했다.

날개를 단 기분이었습니다. 어선 몇 척으로 고기를 잡던 어부가 선단을 이끌고 태평양에 나가 참치를 잡는 기분이라면 이해하실 수 있을까요? 저는 2000년 10월 2일 경영혁신운동 선포식에서 다음과 같이 야심찬 포부를 밝혔습니다.

세종증권은 지난 9월 주식 약정 부분에서 업계 7위로 뛰어올랐습니다. 이는 사이버 주식 거래로 증권업계를 선도한 결과입니다. 앞으로 2년 내에 세종증권은 국내 5대 증권사로 도약할 것입니다. 앞으로 세종증권의 전문 경영인 체제를 굳히기 위해서 소유와 경영의 분리가 긴요한데 이를 위해 적절한 시기에 지분을 축소해나가겠습니다.

하지만 좋은 일은 나쁜 일과 함께 오는 법입니다. 제가 원대한 꿈을 밝힌 지 20여 일 만인 10월 23일, 금융지주회사법이 새로 공포된 것입니다. 우리는 부랴부랴 이 새로운 법 내용에 맞도록 6개월 이내에 회사 체제를 바꿔야 했습니다. 우선 SDN 사업 부문인

케이블TV와 인터넷 분야를 분사하고, 2001년 5월 30일 SDN의 이름을 세종금융지주(주)로 변경했습니다.

그러나 2001년 6월 15일 금융감독위원회는 세종금융지주의 주요 출자자인 제가 요건을 충족하지 못했다고 판정하고 6개월 이내에 시정하도록 명령을 내렸습니다. 지분율 10퍼센트 이상 출자자는 최근 5년간 금융 관련법 위반 혐의로 처벌받은 사실이 없어야 하는데, 저는 1999년 뇌물공여에 의한 특정경제범죄가중처벌법 위반 및 증권거래법 위반 혐의로 4,500만 원의 벌금형을 선고받았기 때문이라고 했습니다. 그러면서 저의 지분을 10퍼센트 이내로 낮추도록 명령했습니다. 만약 6개월 이내에 이행하지 않으면 금융지주회사 인가가 취소되고 보유 중인 자회사 주식을 처분해야만 했습니다. 엎친 데 덮친 격으로 2001년 9월 28일 자금난에 몰려 세종기술투자를 매각해야 했습니다.

뾰족한 대책 없이 우왕좌왕하는 사이에 의무 시한인 2001년 12월이 지났습니다. 이듬해 두 차례의 청문회와 소명 기회가 주어지기는 했으나 결국 2002년 2월 22일 금융감독위원회는 세종금융지주에 대하여 금융지주회사 인가 취소 처분과 3개월 이내 자회사 주식을 처분 명령을 내렸습니다. 이에 세종금융지주는 2002년 3월 행정소송을 냈습니다. 그렇게 근 2년의 긴 법정 싸움이 이어졌지만, 2004년 7월 15일 서울행정법원재판부는 금융감독위원회의 손을 들어주었습니다. 금융 전문 그룹 도약의 꿈이 물거품이 된 것입니다.

금융감독위원회와의 지루한 줄다리기는 저 자신은 물론 우리 세종 가족에게도 큰 상처를 주었습니다. 조직은 활력을 잃었습니다. 그러는 사이 2001년 9월에 세종기술투자를 매각했고, 2003년 3월 31일에는 SDN-TV를, 2004년 2월 15일에는 세종투자신탁운용을 각각 매각했습니다. 세종금융지주라는 이름도 더는 달고 있을 수가 없기에 ㈜세종캐피탈로 바꿔야만 했습니다.

앞으로 무엇을 할 것인가를 두고 고민이 깊어갔습니다. 그리고 마침내 세종증권 매각을 결심했습니다. 금융 당국과 더 이상 불화를 반복할 이유가 없었습니다. 더구나 그동안 경영진이 모두 이 일에 매달리다 보니 정작 사업에는 소홀하여 경영 상태가 악화일로로 치닫고 있었습니다. 뭔가 새로운 탈출구가 절실했습니다. 사업에는 꼭 금융업만 있는 게 아니었습니다. 물론 세종증권은 제가 애지중지하던 회사였습니다. 저의 삶과 꿈이 고스란히 담긴 젊은 날의 뜨거운 열정이 꽃피운 회사였습니다. 막상 팔자고 결심하니 가슴속에 뜨거운 불덩이 같은 게 솟아올랐습니다. 그렇게 세종증권은 농협에 매각되었습니다.

3

너 자신을
알라

세종의 고민과 발전

|

세종대왕은 왜 그토록 많은 책을 읽고 또 읽었을까요?
그것은 자신의 만족을 위해서가 아니라 백성을 위해서
무엇을 해야 할 것인가를 찾기 위해서였습니다.

1

짧은 옥살이,
깊은 깨달음

저는 1999년 8월 5일 서울지검 특수1부에 연행됐습니다. 그리고
증권거래법 위반 및 특정경제범죄가중처벌법 위반으로 구속 기소
됐습니다. 1999년 12월 29일 항소심에서 벌금 4,500만 원이 확정
되어 풀려났습니다. 정확히 91일 동안 구치소 생활을 한 것입니다.
당시 신문에서 다음과 같은 기사를 찾아볼 수 있습니다.

> 서울고법 형사부는 1999년 12월 29일 회사채 1조 7천억 원어치를
> 허가 없이 매매한 혐의 등으로 구속 기소돼 1심에서 징역 3년에 집
> 행유예 5년이 선고된 김형진(41) 세종증권 전 회장에 대해 증권거
> 래법 위반죄 등을 적용, 벌금 4,500만 원을 선고했다. 재판부는 판
> 결문에서 "피고인이 IMF 사태라는 특수 상황에서 허가를 받지 않

고 영업을 한 것은 위법이지만, 사회경제적으로 볼 때 결과적으로는 국가 경제 회복에 도움을 준 데다 피고인의 행위가 이전에는 별다른 단속 없이 이루어져온 것이라는 점 등을 고려해 벌금형을 선고한다"고 밝혔다. 재판부는 또 "피고인이 1심에서처럼 집행유예형을 선고받을 경우 향후 10년간 경제활동을 하지 못하게 되는 것은 지나치게 가혹한 것으로 보여 선처한다"고 덧붙였다. 김씨는 사채업을 하던 1998년 1~12월 신동방, 한솔제지 등 30여 개 기업의 회사채 1조 7천억 원어치를 헐값에 매입한 뒤 당국의 허가 없이 대한투신 등 제2금융권에 비싸게 매도, 530여 억 원의 차익을 챙긴 혐의 등으로 지난 8월 구속 기소된 뒤 보석으로 풀려났으며 지난 10월 1심 선고 직후 회장직에서 물러났다.

제 나이 마흔하나였습니다. 무허가 채권 거래 행위에 대해 증권거래법을 적용하여 처벌한 경우는 그때가 처음이었습니다. 당시 명동에서 무허가 채권 거래는 별다른 단속 없이 관행적으로 이루어졌습니다. 또한 판결문에 나오듯이 "국가 경제 회복에 도움"을 주었고, 그 누구도 피해를 본 사람이 없었습니다. 문제는 온 국민이 어려웠던 IMF 외환위기를 기회 삼아 530억 원이라는 큰돈을 벌었다는 것입니다. 물론 그 사실을 처음 접한 사람들은 심리적 박탈감을 느낄 수도 있을 것입니다. 하지만 당시 저를 보는 세상의 시각은 "중졸 학력밖에 안 되는 사람이 괘씸하게도 한국 증권업계를 어지럽혔다"는 것이었습니다. 이는 1999년 8월 5일 자 〈한국경제신문〉 언론 보도 내용에서 그대로 드러납니다.

> 세종증권 김형진 회장(41)은 작년 7월 세종증권의 전신 동아증권을 인수하면서 명동 사채업자에서 제도권 금융기관 경영인으로 변신해 주목을 받았던 인물이다. 정규 교육으로는 중졸이 전부인 그는 중학교를 마친 후 상경, 법무사무소 사환과 등기소 공무원 등을 거치면서 독학으로 채권을 공부한 뒤 군 복무를 마친 24세 때인 지난 1981년 명동 사채 시장에 입성했다. 이후 국공채 도매나 양도성 예금증서 등의 채권을 다루면서 채권 시장의 생리를 터득하면서 돈을 모았다.
>
> 그는 IMF 위기를 기회 삼아 회사채 불법거래 등으로 단기간에 500억 원의 돈을 벌었다. 이때 번 돈을 종잣돈으로 삼아 부도 위기에 몰린 동아증권 주식을 사 모아 경영권을 확보했다.
>
> 그는 이어 동아증권을 세종증권으로 바꾼 뒤 당시로서는 이름조차 생소한 사이버 거래를 위한 '사이버월드'를 출범시켜 증권업계를 또 한 번 놀라게 했다. 이후 사이버트레이딩 수수료를 업계 최저 수준으로 낮추고 고객에게 고가의 이동단말기를 무료로 나눠주는 등 영업 전략을 펼쳐 인수 당시 70억 원의 자본잠식 회사를 지난 5월 말 현재 자본총계가 1,700억 원에 이르는 건실한 회사로 변모시키는 수완을 발휘하기도 했다. 그러나 탈법 사실이 드러나 검

찰에 구속되는 처지로 전락하게 됨에 따라 그의 성공가도는 막을 내리게 됐다.

언론의 관심사는 '명동의 사채업자', '정규교육이라고는 중졸이 전부'라는 단어에 함축되어 있습니다. 중졸의 일개 명동 채권업자가 명문대 출신이 즐비한 증권업계를 휘젓고 다녔다는 뉘앙스입니다. 게다가 부도 위기에 몰린 동아증권을 인수하여 세종증권으로 바꾼 뒤 사이버 거래, 수수료 최저 수준 인하, 고가 단말기 무료 지급 등으로 충격을 준 것도 경쟁업계에서는 그리 좋게 생각하지 않았던 것 같습니다.

흔히 말기 암 환자들의 심리 상태를 다섯 단계로 구분해 설명합니다. 엘리자베스 퀴블러 로스라는 정신과 의사가《인생수업》이라는 책에서 처음 밝힌 내용입니다.

처음 말기 암 진단을 받은 환자들은 그 사실을 부정합니다. '난 아니다. 진단이 잘못됐다'며 이 병원 저 병원 부리나케 찾아다닙니다. 그러다가 2단계가 되면 분노를 합니다. '왜 하필 나인가. 나처럼 착하게 살아온 사람도 없는데 왜 나를 콕 찍어 몹쓸 병에 걸리게 한 건가', '나쁜 짓 하는 사람들도 잘만 사는데 나만 왜?'라며 가까운 사람들에게 불같이 화를 퍼붓습니다. 3단계에는 '신과의 타협'을 시도합니다. '자식이 결혼할 때까지' 혹은 '손자를 볼 때까지' 살려달라는 것입니다. 병원 치료도 잘 받고 종교에 귀의하거나 봉

사활동도 열심히 합니다. 4단계에 들어서면 극도의 상실감과 무력감에 빠져 이유 없이 눈물만 흘립니다. '우울의 늪'에서 허덕이는 것입니다. 그러다가 결국 마지막 5단계에 이릅니다. 죽음을 수용하고 차분해지는 것입니다. 지난 일들을 돌아보면서 살아 있는 친지나 가족들과 이별을 준비합니다. 물론 어떤 사람은 분노나 우울의 단계에서 멈춘 채 죽음을 맞이하는 경우도 있습니다. 이러한 다섯 단계를 거치는 시간이 짧을수록 환자 자신이나 가족이나 편해지는 게 사실입니다.

옥살이도 마찬가지입니다. 처음에는 분노하고 울혈이 집니다. 옥살이란 행동의 자유가 철저하게 억제된 생활을 말합니다. 여기에는 구치소 생활과 교도소 생활이 있습니다. 구치소는 구속영장은 발부됐지만 수사나 재판이 진행 중이어서 판결이 확정되지 않은 사람들을 수감하는 곳입니다. 이와 달리 교도소는 징역, 금고, 구금 등의 확정 판결을 받은 사람들이 생활하는 곳입니다. 저는 딱 91일 동안 구치소에서 살았습니다. 물론 나중에 다른 일로 120일 동안 또 구치소에서 살았지만 그때는 처음보다 충격이 크지 않았습니다.

난생처음 하는 옥살이가 쉬울 리 없습니다. 우선 제가 왜 잡혀왔는지 이해가 되지 않았고, 스스로가 납득하기 힘들었습니다. 하지만 이내 현실을 담담하게 받아들이기로 했습니다. 앞서 말한 말기 암 환자의 심리 단계에 대입해보면 2단계 '분노 모드'에서 순식간에 5단계 '수용 인정'으로 마음의 평정을 찾은 것입니다.

왜 명동 거리의 수많은 채권 중개 상인들은 가만히 놔두면서 하필 나만 잡아들이느냐고 항변해봤자 부질없다는 생각이 들었습니다. 수많은 사람이 무단으로 건너는 횡단보도에서 '나만 재수 없게 걸렸다'고 해도 그것이 위법인 것은 틀림없기 때문입니다. 다른 사람은 '왜 봐주느냐'고 제가 아무리 말해봤자 아무짝에도 소용없는 일입니다.

분노와 불평 대신 책을 들었습니다. 전 원래 뭔가 집중할 게 없으면 안절부절못합니다. 잠시도 뭔가 하지 않으면 불안해하고 못 견뎌합니다. 결국 옥에서는 일을 할 수 없으니 자연스럽게 손에 책을 든 것입니다. 책 읽기는 어릴 때부터 저의 유일한 낙이었습니다. 초등학교 때 학교 도서관에서 닥치는 대로 책을 읽었던 기억이 새롭습니다. 그때 읽은 책을 통해 이순신 장군, 권율 장군, 필리핀 막사이사이 대통령 등 장군, 대통령, 과학자가 제 마음속에 우상으로 자리 잡았습니다.

일찍이 아인슈타인은 이렇게 말했다고 합니다. "A가 인생의 성공이라면 A=x+y+z이다. x는 일, y는 놀이, z는 입을 다물고 있는 것이다." 저는 아인슈타인의 인생론대로라면 삶의 3분의 2만 사는 셈입니다. 오로지 '일과 침묵'밖에는 모르고 살았으니 말입니다. 3분의 1에 해당하는 놀이와는 애당초 담을 쌓았다고 할 수 있습니다. 머리가 무거울 때 가까운 산이나 가끔 오르는 것이 전부입니다.

그 밖의 다른 취미나 놀이는 전혀 없다고 해도 과언이 아닙니다. 스스로 돌아봐도 무미건조하고 재미없는 인생입니다. 하지만 원래 그렇게 생겨먹은 걸 어쩌겠습니까.

먼저 퇴계 이황(1501~1570) 선생이 지은 〈성학십도聖學十圖〉를 통해 마음을 차분하게 가라앉힐 수 있었습니다. 〈성학십도〉는 1568년 열일곱의 어린 선조(1552~1608, 재위 1567~1608)에게 예순여덟 살의 늙은 신하가 '임금의 도리'를 낱낱이 밝힌 상소문입니다. 성학이란 바로 '성인이 되도록 하는 학문' 즉 유학을 말합니다. 임금 스스로 먼저 '마음을 바로 해야'(수기修己) 비로소 '나라를 다스릴 수 있다'(치인治人)는 내용입니다. 어린 임금의 이해를 돕기 위해 10개의 그림표를 넣었습니다. 그래서 '십도'라고 이름 붙인 것입니다. 퇴계 선생은 말합니다. 임금은 늘 조심하고 두려워하는 마음가짐을 가져야 한다고 말입니다. 만약 태만하고 방종하다 보면, 산이 무너지는 것 같은 위기가 올 것이라고 경고합니다. 어찌 임금만 그러겠습니까. 저 같은 보통 사람도 그것은 마찬가지일 것입니다. 《사기》〈화식열전〉에서 이렇게 말합니다.

무릇 보통 사람들은 자기보다 10배 부자에 대해서는 헐뜯고, 100배가 되면 두려워하고, 1천 배가 되면 그 사람의 일을 해주고, 1만 배가 되면 그의 노예가 된다. 이것이 사물의 이치다.

같은 책의 〈백이열전伯夷列傳〉에서는 하늘의 도리에 의문을 표합니다.

어떤 사람이 말하기를 "하늘의 도리에는 사사로움이 없으며 항상 선한 사람과 함께한다"라고 한다. 그런데 백이와 숙제는 지극히 선한 사람인데도 굶어 죽었다. 공자에게는 70명의 제자가 있었다. 그 중에서도 공자는 오직 안연만이 배우기를 좋아한다고 했다. 그런데 안연은 가난으로 자주 굶었고 술지게미와 쌀겨조차 배불리 먹지 못하다가 끝내 젊은 나이에 굶어 죽었다. 하늘이 착한 사람에게 하는 짓이 어찌 이런가? 도척이란 자는 무고한 사람들을 죽이고 사람의 간을 씹어 먹었다. 포악하고 방자해 수천 무리를 모아 천하를 들쑤시고도 제 수명대로 살다가 죽었다. 이것은 어떤 덕을 따른 것인가? (…) 나는 정말 당혹스럽다. 이른바 하늘의 도리라는 것이 대체 옳은가 그른가?

《사기》를 읽으면 마치 사마천(기원전 145~기원전 85)의 울부짖음이 들리는 듯합니다. 그는 중국 한나라 무제(기원전 141~기원전 87) 시절 태사령太史令이라는 벼슬의 역사를 쓰는 사관이었습니다. 일찍이 나이 스물에 중국 천하를 돌아다니며 역사 현장을 살폈고, 벼슬살이 이후에는 무제를 따라다니며 또 다른 시각으로 세상을 볼 수 있었습니다. 그러나 기원전 99년 사마천의 나이 마흔여섯에 이릉 장군이 흉노와의 싸움에서 지고 포로가 되는 사건이 터졌습니다. 그 이전까지 이릉은 흉노 토벌에서는 연전연승이었지만, 한나라군의 수가 절대적으로 부족해 어쩔 수 없이 항복한 것입니다. 이때 조정대신들은 벌 떼처럼 일어나 이릉을 성토하고 나섰습니다.

그중에서 오직 사마천만이 있는 힘을 다해 이릉을 변호했습니다. 사마천은 이릉과 특별히 친분이 있는 사이도 아니었습니다. 서로 취향이 맞지도 않았고 추구하는 길도 달라 술 한잔 함께 마신 적조차 없었습니다. 그런데도 이릉을 변호한 것은 이릉이 당시 5천 명의 군대로 8만 명의 흉노군을 맞아 최후까지 잘 싸웠기 때문입니다. 워낙 수가 모자라 항복은 했지만 남은 부하들을 살리기 위한 것이니 참작해야 한다고 주장한 것입니다. 사마천은 이성적 판단으로 그것이 옳다고 여겼기 때문입니다.

하지만 무제는 불같이 화를 내며 사마천에게 극형을 내렸습니다. 극형이란 세 가지 중 한 가지였습니다. 허리를 잘리어 죽든지, 궁형을 받든지, 아니면 50만 전이라는 엄청난 벌금을 내는 것이었습니다. 50만 전의 돈을 내면 살겠지만, 그에게는 그럴 만한 여력이 없었습니다. 결국 사마천은 궁형을 택했습니다. 궁형이란 죄인의 생식기를 제거하는 형벌을 말합니다. 당시에는 죽음을 택하는 게 더 명예롭다고 여길 정도로 궁형은 치욕스러운 형벌이었습니다.

사마천이 궁형을 받고 나오자 주변 사람들은 물론 옛 친구들까지 그가 명예를 더럽혔다며 멸시했습니다. 여름에는 환부의 썩는 냄새로 가족들마저 피했습니다. 그런 걸 알면서도 왜 사마천은 치욕스럽게 목숨을 부지했을까요? 그의 비통한 심정은 〈친구 임안에게 보내는 편지〉에 잘 나타나 있습니다.

> 고향에서는 비웃음거리가 되고 돌아가신 부모님을 욕되게 했습니다. 무슨 염치가 있어서 부모님 산소를 찾아뵐 수 있겠습니까? 하루에도 아홉 번씩 창자가 끊어지는 듯하고, 집 안에서는 망연자실넋을 놓고 있으며, 집 밖에서도 갈 곳을 찾을 수가 없습니다. 그럼에도 불구하고 사람은 단 한 번 죽을 뿐이지만, 어떤 죽음은 태산보다 무겁고, 어떤 죽음은 깃털보다 가볍습니다. 죽음을 사용하는 방법이 다른 까닭입니다.

사마천에게는 목숨이나 명예보다 더 중요한 일이 있었습니다. 역사 곧 《사기》를 쓰는 일입니다. 그것을 위해 자신의 모든 것을 기꺼이 내던졌습니다. 그는 결코 세상을 원망하면서 불평만 하지 않았습니다. 대신 처절한 고통과 치욕을 감내하면서 불굴의 의지로 한 자 한 자 《사기》를 써 내려갔습니다. 130권 52만 6,500자 속에 3천 년의 역사를 담았습니다. 그 속에는 인간 군상의 모든 것이 파노라마처럼 펼쳐집니다. 인류 최고의 '인간 드라마'이자 역사상 최고의 '인간학 교과서'를 그는 완성했습니다.

살아 있는 생명은 누구나 크고 작은 고통을 겪습니다. 옳고 그름을 떠나 그것은 엄연한 사실입니다. 저는 시골 농사꾼의 아들로 태어났습니다. 농사일은 콩 심은 데 콩 나는 단순하고 우직한 분야입니다. 저는 사업도 농사짓듯 그렇게 앞만 보고 달려왔습니다. 저만 혼자 잘하면 된다고 생각하며 살아왔습니다. 하지만 저는 혼자가 아니었습니다. 좋든 싫든 세상과 연결되어 있었던 것입니다. 제가 아무리 잘했더라도 세상이 아니라면 아닌 것입니다.

제도권 엘리트들의 무시나 낭패감, 질투심 같은 것도 결국은 제가 그들을 신중하게 살피지 않은 데에 문제가 있었습니다. '채권의 귀신', '금융의 귀재', '미다스의 손'이라는 주위 칭찬에 우쭐했던 것도 큰 잘못이었습니다. 주위의 충고가 귀에 들어올 리 만무했습니다. 한마디로 욕심이 많아졌습니다. 욕심이 많으면 현실이 있는 그대로 보일 리 없습니다. 참으로 옛사람의 말이 하나도 틀린 게 없습니다. "욕심을 버리면 천리를 보존할 수 있다"(알인욕존천리遏人慾存天理)라는 말이 예사롭게 들리지 않습니다.

회사 사장으로서 충분한 능력이 있는지, 제대로 역할을 했는지도 돌아보게 되었습니다. 저는 엄밀하게 이야기해서 CEO라고 할 수 없었습니다. 세종증권을 운영하며 제도권에 진입했지만 그전까지는 그렇게 큰 조직을 운영해본 경험도 일천했고, 그 분야에 대한 관련 지식도 없는 무식한 사람이었습니다. 당연히 금융감독원의 감독이나 규제 같은 것도 받아본 적이 없었습니다. 기업도 어디까지나 사회 시스템의 한 부분입니다. 커다란 사회관계망 속에서 기업 활동이 이루어지는 것입니다. 만약 기업이 그 시스템에서 벗어나면 그 순간 곧바로 제재가 들어옵니다. 기업에는 사회에 대한 책임과 의무가 따릅니다. 늘 세상을 향해 열려 있어야 하고, 세상의 외침에 귀를 기울여야 합니다. 그럼에도 저는 나 몰라라 하며 오직 수익 창출에만 몰두했습니다.

사업가는 마땅히 사회를 향하여 안테나를 세우고 있어야 합니다. 저는 그런 노력이 부족했습니다. 바로 그것이 세상과의 불화를 일으킨 원인이었던 것입니다. 저는 구치소에서 동양 고전을 중심으로 적잖은 책을 읽었습니다. 독서는 마음의 평화를 가져다주었습니다. 한편으로는 그동안 제가 막연하게 품어왔던 제도권 권력이나 사회적 지위나 명성 같은 것들이 부질없다는 생각이 들었습니다. 한마디로 성경에서 솔로몬왕이 말했듯이 "헛되고 헛되며 헛되고 헛되니 모든 것이 헛되었습니다." 또한 "사람이 해 아래서 수고하는 모든 수고가 자기에게 무엇이 유익한고?"라는 솔로몬왕의 반문도 가슴에 절실하게 다가왔습니다.

제 나이 쉰하나에 두 번째 옥살이가 시작됩니다. 첫 번째 옥살이 이후 딱 10년 만의 일입니다. 2009년 9월 16일 서울중앙지법 형사23부는 '세종증권이 농협에 매각되도록 도와달라'는 청탁과 함께 전 농협중앙회 회장에게 수십억 원을 건넨 혐의로 불구속 기소된 저에게 징역 2년을 선고하고 그 자리에서 법정 구속했습니다. 구치소에서 120일 동안 생활을 했습니다. 그 이전인 2008년 11월

19일 대검 중수부는 서울 역삼동의 세종캐피탈 사무실을 압수 수색하고 저와 임원 한 명을 체포했습니다. 저는 불구속, 그는 구속 상태로 수사와 재판이 이루어졌습니다. 1심에서 저는 구속되고 그는 징역 1년 6월에 집행유예 3년을 선고받고 풀려났습니다. 그러다가 2010년 1월 8일 서울고법 형사4부는 저에게 무죄를 선고했던 것입니다.

이 사건은 무죄로 판명이 났으니 여기서 구구한 설명은 하지 않겠습니다. 당시 언론 보도를 찾아보면 그 과정을 자세히 알 수 있을 것입니다. 다만 제가 구치소에 있는 동안 우리 세종 가족이 발 벗고 나서서 탄원서를 법정에 제출했다는 사실은 꼭 밝히고 싶습니다. 그뿐만 아닙니다. 세종텔레콤 노조 상급 기관인 한국노총 정보통신연맹(현 IT연맹)도 가만히 있을 수 없다며 동참했습니다. 한국노총 역사상 지금까지 그런 일은 그때가 처음이라고 합니다. 지금 돌이켜봐도 그저 고맙고 감사할 뿐입니다.

존경하는 재판장님!

대표이사이자 종업원들의 정신적인 지주인 피탄원인(김형진)이 계속해서 경영 의지를 불태울 수 있는 여건이 되어야만 가능한 일임을 간곡하게 말씀드리고자 합니다. 정신적인 지주라는 말씀에 거부감을 느끼실 수 있으시겠지만 저희 종업원들은 누구나 할 것 없이 피탄원인을 정신적인 지주 이상으로 생각하며 의지를 하고 존경하고 있는 것이 사실입니다.

앞에서 잠깐 언급한 바와 같이 회사 설립 이후 6명 이상의 대표이사가 회사를 경영하였으나 한 분도 제대로 된 경영 철학을 겸비하신 분이 없었기에 저희 입장에서는 피탄원인이 구세주와 같은 분이었음을 굳이 숨기고 싶지 않은 것이 솔직한 심정입니다. 피탄원인이 경영을 맡으면서 패배주의를 일소시킴은 물론이며 꿈과 희망, 도전이 무엇인지를 알게 만들었고, 회사의 모든 부조리를 타파하기 위해 전심전력을 다하였을 뿐만 아니라 불신에 가득 찬 분위기를 반전시켜 종업원 상호 간에 동료애를 느끼게 만드는 등 불가능해 보이는 일을 현실로 만들어주었습니다. (…)

재판장님의 현명하신 판단과 자애로운 은혜를 부탁드립니다.

2009년 12월 28일 세종텔레콤노동조합 위원장 올림

존경하는 재판장님!

우리 전국정보통신노동조합연맹은 한국노총에 속한 유선, 무선 및 초고속인터넷 회사 등 정보통신산업을 기반으로 한 23개 사의 노동조합으로 구성되어 있고, 여기에 2만 300명의 인력이 종사하고 있는 노동조합 연합단체입니다. 세종텔레콤은 우리 정보통신연맹에 속한 회원조합 중에서도 가장 모범적인 조합 활동을 하고 있는 사업장이며, 김형진 대표이사의 경우 탁월한 노사상생 마인드와 열린 경영을 모토로 국가 기간통신 산업의 성장과 발전에 기여한

다는 기업관을 바탕으로 경영을 하고 있으며, 이는 세종텔레콤 구성원과 노동조합뿐만 아니라 정보통신 관련 사업장에도 벤치마킹의 대상이 되고 있는 경영자입니다. (…)

또한 세종텔레콤을 구성하는 종사원과 협력사 및 관련 업체 등 2천여 명의 생존권과 직결되어 있다는 위기의식에 공감을 하고, 지난 4월 16일(목)에 있었던 정례 회원 조합 대표자 회의에서 전국정보통신노동조합연맹 최두환 위원장을 비롯한 23개 회원조합 대표자들은 한마음으로 세종텔레콤의 어려움을 재판부에 호소하고, 김형진 대표이사에 대한 선처를 구하는 탄원서를 제출하자고 결의를 하였습니다.

2009년 5월 6일 한국노총 전국정보통신노동조합연맹회원조합 대표자 일동

정신적 지주라니요. 제가 얼마나 감동했는지 모릅니다. 이런 말을 듣기 위해 일한 것은 아니었지만, 저와 함께 일하는 직원들이 그렇게 말씀해주셨기 때문에 감동은 더욱 컸습니다. 몸과 마음이 힘들었던 시기, 직원들의 한마디 한마디는 저에게 엄청난 동력이 되어주었습니다. 일어서야 한다는 생각뿐이었습니다. 이런 직원들과 함께라면 똘똘 뭉쳐 뭐든지 할 수 있겠다는 생각도 들었습니다. 천군만마를 얻은 듯했습니다.

저는 혼자가 아니었습니다. 그전까지는 늘 홀로 뛰었다고 할

수 있습니다. 제가 책임질 식솔은 직계가족, 소수의 종업원, 동업 관계에 있는 몇몇이 전부였습니다. 그들만 신경 쓰면 그만이었습니다. 이제는 수백 명의 임직원과 그 가족의 안위가 제 어깨에 달려 있었습니다.

그 막중한 책임만 생각하면 등에 식은땀이 날 정도였습니다. 잠 못 이루는 밤도 많아졌습니다. 핏줄로 맺은 인연만 가족으로 여겼던 제 좁은 생각이 크게 바뀐 것입니다. 우리 회사 임직원이야말로 가슴으로 맺은 넓은 의미의 세종 가족이었던 것입니다. 저는 그 세종이라는 배를 이끄는 선장이고, 그들은 내 뒤에서 온 힘을 다해 밀어주는 믿음직한 선원들이었습니다.

저는 두 번의 옥살이를 통해 많은 것을 배우고 느꼈습니다. 앞만 보고 달려왔던 삶을, 잠시 멈춰 서서 돌아볼 수 있었습니다. 제가 누구인지, 저에게 기업이란 무엇인지 곰곰이 생각해볼 수 있었습니다. 저는 수많은 사람과 그물처럼 연결된 하나의 그물코였던 것입니다. 아울러 고기가 물을 떠나 살 수 없듯이 기업도 사회를 떠나서는 결코 존재할 수 없다는 것을 다시 한 번 깨달았습니다.

인간은 다른 사람과 어우러져 살 수밖에 없습니다. 기업도 사회 시스템 속에서 존재해야 합니다. 자연 또한 일정한 질서와 규칙에 따라 한 치도 어김없이 돌아갑니다. 우주 자연의 질서도 마찬가지입니다. 우주 자연은 잠시도 쉬지 않습니다. 일정한 원칙에 따라 끊임없이 움직입니다. 누가 뭐라거나 말거나, 빠르지도 느리지도 않게, 묵묵히 자신의 법칙대로 돌아갑니다. 인간은 그런 질서의 한 그물코에 불과합니다. 인간이 싫다고 그 우주 자연의 운행질서를 벗어날 수는 없습니다. 그저 우주의 운행질서에 따라 어리석은 노인이 산을 옮기는 우공이산愚公移山의 자세로 한 발 한 발 나아가는 게 최고입니다.

봄이 가면 여름이 오고, 가을이 오면 단풍이 들고, 겨울에는 낙엽이 지는 게 자연의 운행질서입니다. 우리도 언젠가는 죽습니다. 기업이라고 천년만년 영원히 가는 게 아닙니다. 아무리 잘나가는 기업도 언젠가는 사라집니다. 흥망성쇠는 만물의 피할 수 없는 법칙입니다.

《주역》은 그러한 만물의 이치를 64개의 그림으로 풀어놓은 책입니다. 그중 첫 번째 그림이 하늘을 나타낸 건괘乾卦입니다. 막대기 여섯 개를 위부터 아래로 좍 펼쳐놓은 모양입니다. 이 그림을 설명한 내용 중에 "하늘의 운행질서는 잠시도 쉬지 않고 굳건하게 움직인다. 군자는 마땅히 이를 본받아 끊임없이 쉬지 않고 자신을 닦아야 한다"(천행건군자이자강불식天行健君子以自强不息)라는 구절이 나옵니다. 우리가 흔히 '자강불식自强不息'이라는 넉 자로 줄여 말하고는 하는 구절입니다. 옥살이를 하면서 이 구절에 꽂혔습니다. 아무리 잘난 체해봐야 하늘의 눈으로 보면 보잘것없다는 뜻으로 읽혔던 것입니다. 인간이 아무리 위대하다고 설쳐봤자 천지 운행질서는 바꿀 수 없습니다. 해마다 어김없이 봄, 여름, 가을, 겨울은 왔다가 또 갑니다.

문제는 올해 왔던 봄이 지난해의 그 봄이 아니라는 것입니다. 2019년에 맞는 새봄은 제 평생 처음 맞는 봄입니다. 그 봄이 지나가면 두 번 다시 만날 수가 없습니다. 흘러가는 한강에 발을 적시는 순간, 다시는 같은 강물에 발을 적실 수 없는 이치와 마찬가지입니다. 그러니 하늘이 그러는 것처럼 저도 쉼 없이 저 자신을 담금질하고 닦아야 합니다. 그게 우주의 그물코인 제가 할 일입니다. 저도, 우리 세종텔레콤도 쓸데없는 곳에 해찰할 시간이 없습니다. 한눈팔지 말고 끊임없이 몸과 마음을 가다듬어야 하는 것입니다.

중국의 최고 명문대학은 베이징대학교와 칭화대학교입니다. 이 중 칭화대학교의 교훈이 바로 '자강불식후덕재물自强不息厚德載物'입니다. 후덕재물도 《주역》에 나오는 말로 64개의 그림 중 두 번째로 나오는 '땅 괘'(곤괘坤卦)에 해당하는 말입니다. "두터운 흙이 만물을 품고 기르듯, 덕을 두텁게 쌓아 만물을 너그럽게 안고 가라"라는 뜻입니다.

칭화대학교는 이공계 분야가 강한 학교입니다. 그만큼 학풍이 실용적입니다. 대학생이 고등학교 4학년생으로 불릴 정도로 죽어라 공부해야 버틸 수 있다고 합니다. 학교 슬로건조차 "말보다 행동"(행승어언行勝扵言)이니 그 분위기가 어느 정도인지 알 수 있습니다. 응원 구호조차 "나부터, 지금부터, 시작하자"(종아기래종현재주기從我起來從現在做起)입니다. 인문사회 계열이 강한 베이징대학교 학생들이 "단결하여 중국을 부흥하자"(단결기래진흥중화 團結起來振興中華)라고 외치는 것과 좋은 대조가 됩니다. 어디가 좋고 나쁘고를 떠나 그만큼 청화대학교의 학풍은 끊임없이 자신을 갈고닦는 '자강불식'의 정신을 담고 있습니다.

'오늘'이라는 날은 우리 인생에서 남은 날의 총량 가운데 첫날입니다. 그러므로 우리는 날마다 새날을 사는 새 사람이고, 첫날을 사는 첫 사람입니다. 내일은 없습니다. 오로지 오늘만 있을 뿐입니다.

봄은 짧습니다. 그래서 식물은 밤낮으로 쉬지 않고 부지런히 뿌리에서 물을 뿜어 올리고, 새순을 틔우고, 꽃망울을 터트립니다. 봄처럼 늘 부지런해야 하는 이유입니다. 봄날은 언젠가는 속절없이 지나갑니다. 일분일초를 아껴 쓰는 게 곧 자강불식의 하나라고 할 수 있습니다.

세상에서 가장 위대한 책은 자연입니다. 노자가 《도덕경》에서 "인법지지법천천법도도법자연 人法地地法天天法道道法自然"이라고 한 말씀도 그런 의미일 것입니다. 즉 사람은 땅의 법도를 본받고, 땅은 하늘을 본받으며, 하늘은 도를 본받고, 도는 스스로 그러함을 법도로 삼는 것입니다. 그래서 자연은 '글자 없는 책'(무자천서 無字天書)입니다. 산과 들, 바다, 바람소리, 새소리, 물소리이야말로 내 영혼으로 스르르 스며드는 위대한 책입니다.

옥살이 이후 저는 흔들릴 때마다 책을 읽습니다. 외롭고 힘들 때도 본능적으로 책에 파묻힙니다. 책은 나의 거울입니다. 인간이 흔들리는 이유는 살아 있기 때문입니다. 쓰러진 나무는 바람이 아무리 불어도 움직이지 않습니다. 세상에 흔들리지 않고 피는 꽃이 어디 있겠습니까?

2

공유가치를
창출하라

7월 26일은 세종 가족의 생일입니다. 1990년 7월 26일에 (주)홍승
기업이란 회사를 세웠는데 그날이 기원이 된 것입니다. 홍승기업은
자본금 5천만 원으로 시작했습니다. 1985년 법원 인근 대로변(서울
서초구 서초동 1553-8)의 땅 70평을 평당 400만 원에 사놓았는데, 빈
땅으로 놀리기 싫어서 주차장 운영 회사를 만들었던 것입니다.

당시에는 주식투자로 제법 짭짤한 수익을 올리던 시기였습
니다. 1987년부터 조금씩 시작했던 주식투자가 1989년 무렵 정점
을 찍었습니다. 본능적으로 주식 시장에서 떠날 때라는 생각이 들
었습니다. 그래서 그때까지 투자한 주식을 몽땅 팔아 15억 원의
수익을 포함해 총 20억 원을 마련했습니다. 그리고 그 돈으로 서
초동 땅에 가건물을 짓고 개발 사업을 시작했습니다. 하지만 돈만

2억~3억 원을 날리고 허무하게 끝났습니다. 만약 그때 개발 사업이 성공했다면, 주식 시장에 돌아가지 않았을 것입니다.

저는 이 땅을 담보로 돈을 빌려 다시 주식투자를 했다가 쫄딱 망했습니다. 그동안 땅값은 네 배 가까이 뛰었지만, 채권자들이 땅을 처분하면 일어설 토대를 완전히 잃을 상황이었습니다. 다행히 채권자들의 이자 동결 허락으로 서초동 땅의 처분 위기를 넘길 수 있었습니다. 그렇게 저는 이 땅을 딛고 다시 일어설 수 있었습니다.

'홍승弘承'이란 '홍익인간 정신을 계승한다'는 뜻입니다. '홍익인간'은 우리나라 사람이라면 누구나 알다시피 '널리 인간세상을 이롭게 한다'는 뜻입니다. 단군조선의 건국이념이며, 우리 대한민국의 교육이념이기도 합니다. 1949년 12월 31일 법률 제86호로 제정·공포된 교육법 제1조에 "교육은 홍익인간의 이념 아래 모든 국민으로 하여금 인격을 완성한다"라고 되어 있습니다. 또한 대한민국 임시정부의 건국 강령 제1장에 건국정신으로 홍익인간이 명시되어 있습니다. 홍익대학교 같은 경우는 학교 이름에 홍익을 내세웠습니다. 단군을 섬기는 대종교 계열 학교로 출발했기 때문일 것입니다.

단군이 말한 홍익인간의 의미는 원대하고 크다는 것을 잘 알고 있습니다. 막상 그 이름으로 출발은 했지만 그 후 차츰 직간접적으로 홍익인간의 심오한 철학이 무겁게 다가왔습니다. 저는 철학자나 사상가가 아닌 기업인일 뿐입니다. 홍익인간의 철학을 파고들어 가면 그 깊이야 끝도 없겠지만, 그건 어디까지나 학자들이 할 일입니다. 저는 그저 '널리 세상을 이롭게 하는 기업'을 만들려고 노력하는 게 최선일 것입니다. 그렇다고 마냥 '홍익인간 정신을 계승하는 기업'이란 것도 막연하고 찜찜한 것도 사실입니다. 도대체 무엇을 어떻게 이어가겠다는 것이냐고 물으면 할 말이 뚜렷이 떠오르지 않습니다.

대한민국을 '홍익인간형 플랫폼 국가'로 만들어가야 한다고 역설하는 최동환 선생을 떠올립니다. 최 선생은 인공지능, 사물인터넷, 빅데이터로 상징되는 4차 산업혁명 시대에는 새로운 패러다임이 필요하고, 그 최고의 플랫폼은 바로 한민족의 '홍익인간 모형'이라고 단언합니다. 천박하고 잔인한 서양식 휴머니즘으로는 더 이상 새로운 반도체 문명을 이끌어갈 수 없다는 것입니다. 최 선생은 《홍익인간형 플랫폼 국가로 가는 한국대혁명》(물병자리, 2018)에서 이렇게 말합니다.

> 영국에서 시작된 제1차 산업혁명이 미국으로 건너가 대서양과 가까운 동부 지역에 자리를 잡았고 그것이 제2차 산업혁명으로 다시 태어났다. 나아가 PC와 인터넷을 기반으로 하는 제3차 산업혁명이 미국 서부 캘리포니아에서 이루어졌다. 그리고 이는 곧 태평양을 넘어 일본과 대한민국, 대만, 싱가포르 등으로 이어지며 발전했고 나중에는 중국도 합세했다. 미국 서부의 제3차 산업혁명을 이끈

세대는 히피문화의 세례를 받은 애플의 창업자 스티브 잡스와 스티브 워즈니악, 구글의 CEO 에릭 슈미츠, 마이크로소프트 창업자 빌 게이츠 등이었다. 이들은 허름한 클럽에 모여 아이디어와 정보를 교환하고 기성세대의 속물적 부자 문화에 선을 그었다. 그리고 히피들이 공동체의 삶을 꿈꾸었던 것과 마찬가지로 초기 PC통신과 인터넷을 무기로 수평적 소통을 이루어내며 '더불어 사는 세상'을 만들고자 갈망했다. 미국은 여전히 제4차 산업혁명을 이끌고 있는 부동의 자유주의 국가다.

동북아시아에서 일본은 가장 먼저 미국과 영국의 지원을 받아 제2차 산업혁명에 성공했고 일약 세계적인 열도 플랫폼 국가가 되었지만 제2차 세계대전을 일으켜 망하고 말았습니다. 그러나 그랬던 일본이 미국의 지원을 받아 제3차 산업혁명을 성공시키고 다시 한 번 세계적인 플랫폼 국가로 복귀합니다. 해양 세력인 미국과 유럽은 중국과 러시아의 대륙 세력을 막기 위해 어쩔 수 없이 양대 세력의 경계에 위치한 일본을 선택할 수밖에 없었다는 것입니다.

1980년대 일본 기업들은 반도체 생산으로 세계 시장을 지배했습니다. 또한 전자 산업에서 혁신적인 제품들로 전 세계인의 일상생활에 파고들었습니다. 하지만 1990년대 이후 대한민국이 일본을 꺾고 세계 반도체 시장의 리더가 되었고 전자 제품도 지구촌을 장악했습니다.

지정학적으로도 대한민국이 일본 열도보다 훨씬 더 좋은 위치에 있다고 말합니다. 아메리카 대륙과 유라시아 대륙이 맞닿는 절묘한 곳이어서 아시아 최초의 양쪽 대륙 플랫폼 국가로 안성맞춤이라는 것입니다. 한반도는 중국 대륙에서 보면 중국 머리 부분이라고 할 수 있는 베이징 일대를 단번에 가격하는 쇠망치와 같고, 일본 열도에서 보면 일본의 심장을 겨누는 비수와 같다는 것입니다.

물론 지정학적 위치가 좋다고 플랫폼 국가가 저절로 되는 것은 아닙니다. 반도체 문명은 반드시 수평적 의사결정의 민주주의 원리가 바탕이 되어야 합니다. 그런 면에서 중국 공산당의 중화주의 유교를 기반으로 하는 수직적 계급질서나 일본의 전체주의 황국사관은 전혀 맞지 않는다는 것입니다. 《홍익인간형 플랫폼 국가로 가는 한국대혁명》에서 최 선생은 이어서 말합니다.

지난 3천 년간의 철기 시대에 인류는 소수의 지배자가 다수의 대중을 지배하는 수직적 계급구조였다. 하지만 제3차 산업혁명 이후 반도체문명으로 바뀌면서 점점 수평적인 평등관계로 나아가고 있다. 더 이상 소수 지배의 거짓말이 통하지 않게 되고, 모든 정보가 공유되므로 부당한 폭력이 행사되기 어렵다. 제4차 산업혁명부터는 인공지능과 사물인터넷 빅데이터를 통해 기계가 자기통치를 하게 되고 이와 같은 고도로 발달한 사회를 운영하기 위해서는 먼저 대중이 주인이 되는 '자기통치 민주주의'가 기본이 돼야 한다. 개인들은 이제 스마트폰 등의 정보고속도로를 통해 서로 소통이 가능해진 것이다. 물론 소통에는 신뢰가 바탕이 되어야 한다. 만장일치제도의 신라 화백제도가 가능했던 것은 그 밑바탕에 서로 간의 믿음이 있었기 때문이다. 바로 홍익인간 모형이 그렇다. 홍익인간 모형은 살아 움직이는 대자연과 인간공동체가 만들어내는 생명의 과정 그 자체라고 할 수 있다.

그렇습니다. 결국 널리 세상을 이롭게 하려는, 모두가 잘사는 세상을 만드는 게 곧 '홍익인간형 플랫폼 국가'입니다. 그렇다면 저의 소박한 홍익인간 정신에 대한 인식도 어느 정도 최 선생의 생각과 비슷하다고 생각합니다.

회사 이름에 '세종'을 처음 쓴 것은 제 나이 서른아홉 때였습니다. 1997년 12월 IMF 외환위기로 나라가 바람 앞에 등불 같던 시절이었습니다. 기업이 줄줄이 도산했고, 10월 16일에는 종합주가지수 600선이 붕괴됐습니다. 12월 3일 마침내 IMF 구제 금융의 지원이 결정됐지만 종합주가지수 400선이 무너지고, 금리는 25퍼센트로 폭등했습니다.

저는 그해 12월 9일 자본금 100억 원으로 중소기업청 인가 창업투자회사(벤처캐피털회사)인 (주)세종기술투자를 설립했습니다. 이때 처음으로 '세종'이라는 이름을 붙였던 것입니다. 대표이사는 동업자였던 두 분이 맡았습니다. 세종기술투자는 1998년 4월 말까지 주식,

채권 등 유가증권 투자로 128억 원의 당기순이익을 올렸습니다.

저는 왜 '세종'이라는 이름을 붙였을까요? 국가부도 사태를 맞아, 세종이라면 이 나라를 어떻게 운영했을까 궁금했을까요, 아니면 앞으로 세종대왕처럼 현명하게 회사를 이끌고 가겠다는 의지의 표현이었을까요? 어쩌면 두 가지 모두였는지도 모릅니다. 아니 그것보다는 앞서의 홍익인간처럼 세종이라는 이름의 훌륭한 이미지가 좋아서였을지도 모릅니다.

세종대왕은 당시 화폐 최고 단위인 만 원권 지폐의 얼굴이었습니다. 금융회사의 상징으로서 안성맞춤이었습니다. 게다가 세종대왕의 창조적이고 혁신적인 이미지는 우리가 꿈꾸던 금융회사의 방향과 맞아떨어졌습니다. 회사를 세종대왕처럼 현명하게 이끌고 가겠다는 의지를 알게 모르게 그 이름에 담았던 것입니다. 물론 앞서의 홍익인간처럼 세종이라는 이름의 훌륭한 이미지도 한몫했다고 볼 수 있습니다. 그리고 당시 국가부도 사태를 맞아 '세종 리더십'이 절실하게 요구되기도 했습니다.

세종대왕(1397~1450)은 1418년 스물한 살에 임금 자리에 올랐습니다. 저는 그 나이에 방위 복무를 했습니다. 서울민사지방법원 강동등기소 근무 중 방위소집 영장을 받은 것입니다. 보안부대 야간 급수병이었는데 덕분에 한동안 밤에는 급수장에서 근무를 하고, 낮에는 변호사 사무실에서 일할 수 있었습니다. 그래야 고향의 두 동생(중학교 남동생, 초등학교 막내 여동생)의 학비를 댈 수 있었던 것입니다. 하지만 그것도 12.12사태 이후에는 주간 근무로 바뀌는 바람에 변호사 사무실 일은 그만둬야 했습니다. 더구나 그 와중에 갑자기 아버지까지 돌아가셨습니다.

세종대왕의 백성에 대한 지극한 사랑이야 두말할 필요가 없을 것입니다. 저는 리더로서 세종대왕의 스타일이 참으로 경이롭습니다. 그는 마음만 먹으면 얼마든지 자신의 뜻대로 할 수 있는 왕이었습니다. 그런데도 그렇게 하지 않았습니다. 신하들이 완강하게 반대를 하면, 그들을 윽박지르거나 왕의 권위로 밀어붙이지 않았습니다. 그 대신 끈질긴 토론과 설득으로 자신의 뜻을 관철했습니다. 세종 리더십의 핵심은 토론이었던 것입니다. 아래위가 따로 없었습니다. 한마디로 계급장을 떼고 치열한 논쟁을 벌였습니다. 세종대왕이 즉위하면서 했던 첫마디가 '의논하자'였다니 나머지도 능히 알 만합니다.

1432년 여진족이 침입했을 때도 마찬가지였습니다. 세종대왕은 이참에 아예 여진족을 토벌하고 북방 영토를 개척하려고 했지만 신하들의 강력한 반대에 부딪혔습니다. 세종대왕은 곧바로 그들과 끝장 토론에 나섰습니다. 1차로 12일 동안(1432. 12. 9~12. 21) 논의했고, 2차로 8일 동안(1433. 1. 11~1. 19) 열띤 토론을 벌였습니다. 그리고 3차로 13일 동안(1433. 2. 15~2. 28) 격론 끝에 여진족 정벌을 최종 확정했습니다. 정말 놀랍습니다. 성격이 급한 편인 저로서는 저절로 고개가 숙여집니다. 30대 중반의 혈기왕성한 나이에 어떻게 그러한 인내와 끈기를 가질 수 있었을까요?

가끔 서울 중구 만리재 고개를 지나다가 혼자서 빙그레 웃곤 합니다. 그곳은 세종의 신하였던 최만리(?~1445)가 살던 곳입니다. 그의 집이 있었던 곳이라고 하여 '만리재'라고 이름 붙인 것입니다. 당시 세종대왕과 집현전 부제학 최만리와의 한글 논쟁은 오늘날까지도 유명합니다. 최만리는 고개를 들어 임금의 눈을 똑바로 쳐다보면서 반대 언성을 높였지만 세종대왕은 이에 대해 "너의 말이 참 아름답다. 하지만 나는 다른 이유로 반대한다"라고 말했습니다. 자신의 생각과 다르다고 해서 신하의 의견을 무시하거나 묵살하지 않았습니다. 귀에 거슬린다고 해서 화를 내지 않았습니다.

세종대왕은 "내가 너희를 부른 것은 처음부터 죄를 주려 한 것이 아니고, 다만 소疏 안에 한두 가지 말을 물으려 하였던 것인데, 너희가 사리를 돌아보지 않고 말을 바꿔 대답하니, 너희의 죄는 벗기 어렵다"라며 최만리 등 여섯 명(직제학 신석조, 직전 김문, 부교리 하위지, 부수찬 송처검, 저작랑 조근)을 의금부에 하룻밤 가두었다가 이튿날 풀어주었습니다. 다만 응교 정창손만은 "옛날 자신이 한 말과 이번 한 말이 다르다. 아무짝에도 쓸모없는 속된 선비"라며 파직해 버렸습니다. 세종대왕이 최만리 등의 상소 이전에 "삼강행실을 번역하여 널리 알리면 충신, 효자, 열녀가 많이 나올 것"이라고 말했을 때 정창손은 세종대왕의 말에 찬성했다가 정작 상소 내용에는 "충신, 효자, 열녀는 사람의 자질에 달려 있는 것이지, 어찌 꼭 언문으로 번역해야 본받겠습니까"라고 말한 것입니다. 한입으로 두말했다는 죄로 파직을 한 것입니다. 다음은 세종대왕에게 올려진 최만리와 정창손 등의 상소문 중 일부 내용입니다.

우리 조선은 조종 때부터 내려오면서 지성스럽게 대국을 섬기어 한결같이 중화의 제도를 준행遵行하였는데, 이제 글을 같이하고 법도를 같이하는 때를 당하여 언문을 창작하신 것은 보고 듣기에 놀라움이 있습니다. 설혹 말하기를 "언문은 모두 옛 글자를 본뜬 것이고 새로 된 글자가 아니다"라고 하지만, 글자의 형상은 비록 옛날의 전문篆文을 모방하였을지라도 음을 쓰고 글자를 합하는 것은 모두 옛것에 반대되니 실로 의거할 데가 없사옵니다.

만일 중국에라도 흘러들어 가서 혹시라도 비난하여 말하는 자가 있사오면, 어찌 대국을 섬기고 중화를 사모하는 데 부끄러움이 없사오리까? 예부터 구주九州의 안에 풍토는 비록 다르오나 지방의 말에 따라 따로 문자를 만든 것이 없사옵고, 오직 몽골 서하 여진 일본과 서번[티베트]의 종류가 각기 그 글자가 있으되, 이는 모두 이적夷狄[오랑캐]의 일이므로 족히 말할 것이 없사옵니다.

1444년(세종 26) 2월 20일 세종대왕은 이 상소를 읽고 이렇게 답했습니다.

그대들이 말하기를 음을 써 글자를 합하는 것이 모두 옛것에 어긋나는 일이라고 하였는데, 설총의 이두도 역시 음을 달리한 것이 아니냐? 또 이두를 만든 근본 취지가 곧 백성을 편안하게 하고자 함에 있는 것 아니냐? 만일 백성을 편안하게 하는 일이라고 한다면, 지금의 언문도 역시 백성을 편안케 함이 아니냐? 그대들이 설총이 한 일은 옳다고 하고, 그대들의 임금이 한 일은 옳지 않다고 하는 것은 무슨 까닭이냐?

또 그대가 운서를 아느냐? 사성과 칠음을 알며, 자모가 몇인지 아느냐? 만일에 내가 저 운서를 바로잡지 않는다면, 그 누가 이를 바로잡겠느냐?

만일에 내가 언문으로 《삼강행실》을 번역하여 여러 백성에게 나누어주면, 비록 어리석은 지아비나 지어미라고 하더라도 모두 쉽게 알아서 충신, 효자, 열녀가 반드시 연이어 나올 것이다.

세종대왕의 통치는 '독서경영', '인재경영', '혁신경영', '지식경영'이었습니다. 자신이 끊임없이 책을 읽으며 모범을 보이고 여러 신하에게도 독서에 매진하라고 요구했습니다. 집현전 선비들에게 휴가를 주어 책을 읽게 했습니다. 독서 휴가 제도인 사가독서제賜暇讀書制를 시행했던 것입니다. 짧게는 몇 달, 길게는 3년까지 선비들에게 책을 읽으라고 휴가를 주었습니다. 아예 독서에 필요한 비용과 음식과 의복까지 내려주었습니다. 1442년(세종 24) 세종대왕은 집현전 선비 성삼문, 신숙주 등 여섯 명에게 북한산 진관사에 들어가 독서하도록 휴가를 주기도 했습니다.

세종대왕은 책 한 권을 100번씩 읽고, 밥 먹을 때도 수라상 좌우에 책을 펼쳐 놓았습니다. 세자 시절에는 책을 너무 읽다가 병이 났을 정도였습니다. 그런데도 손에서 책을 놓지 않았습니다. 그러자 아버지 태종은 환관을 시켜 세자의 방에 있는 책을 모두 거둬오게 했습니다. 세자는 갑자기 들이닥친 환관이 책을 거둬가는 와중에 슬쩍 책 한 권을 병풍 사이에 숨겼습니다. 그 책은 《구소수간歐蘇手簡》으로, 중국 송나라 구양수(1007~1072)와 소동파(1037~1101)의 편지 모음집이었습니다. 이 책을 무려 1,100번이나 읽었다고 합니다.

조선의 스물일곱 명의 임금 가운데 세종대왕 못지않게 책을 많이 읽은 왕은 정조일 것입니다. 그러나 세종대왕과 정조는 독서관이 달랐습니다. 세종대왕은 자신이 글을 짓고 책을 쓰는 일에는 전혀 관심이 없었습니다. 그는 독서를 통해 방대한 지식 체계를 쌓고 이 지식을 국정에 반영하는 것이 임금의 할 일이라고 생각했습니다. 마찬가지로 자신의 신하도 끝없는 독서와 사색을 통해 얻은 지식을 바탕으로 업무를 수행해나가길 바랐습니다. 책을 통해 자신을 보고, 세상을 읽었을 뿐, 자신의 인생관을 피력하지 않았던 것입니다. 정조가 184권 100책에 이르는 《홍재전서弘齋全書》를 펴낸 것과 대조적입니다. 홍재는 정조의 호입니다.

세종대왕은 왜 그토록 많은 책을 읽고 또 읽었을까요? 자신의 만족을 위해서가 아니라 백성을 위해서 무엇을 해야 할 것인가를 찾기 위해서였습니다.

백성은 나라의 근본이니 근본이 튼튼해야만 나라가 평안하게 된다. 임금의 직책은 하늘을 대신해 만물을 다스리는 것이니, 만물이 그 처소를 얻지 못하여도 오히려 대단히 상심할 것인데 하물며 사람 일 경우야 어떠하겠는가. 진실로 차별 없이 다스려야 할 임금이 어찌 양민과 천인을 구별해서 다스릴 수 있겠는가. 나라를 다스리는 법은 우선 믿음을 보이는 데 있다.

《세종실록》에 나오는 내용입니다. 세종대왕이 독서를 하나의 통치 수단으로 여긴 것은 그가 역사서를 좋아했다는 것에서도 알 수 있습니다. 그는 역사서를 통해 인재를 발탁하는 안목이 길러진다고 생각했던 것입니다. 공자가 쓴 역사서 《춘추》와 그 해설서인 《좌전》을 100번도 더 읽었습니다. 그러나 신하들은 '경전이 먼저'라며 역사책을 꺼렸습니다. 세종대왕이 집현전 선비들에게 역사서를 나누어 주려다 반대에 부딪힌 적도 있었습니다. 세종대왕은 신하들이 유교 경전만 읽고 역사책을 읽지 않는 것에 불만이 많았습니다. 세종대왕은 사마천의 《사기》를 즐겨 읽었습니다. 신하들의 반대를 무릅쓰고 집현전의 선비들에게 《사기》를 일일이 나누어 주며 읽게 할 정도였습니다.

세종대왕은 자신의 수양에도 독서를 활용했습니다. 유교의 사서는 《논어》, 《맹자》, 《중용》, 《대학》입니다. 이 중에서도 《대학》은 임금이 가장 많이 접하는 책입니다. 국가 통치철학이 담겨 있기 때문입니다. 세종대왕은 《대학》보다도 《대학연의大學衍義》를 좋아했습니다. 《대학연의》에는 경전 내용뿐만 아니라 수많은 역사 사례가 실려 있어서 경전이자 역사서였기 때문입니다. 세종대왕은 즉위 첫해부터 《대학연의》를 어떤 책보다 많이 읽었습니다. 신하들과 함께 읽으며 세 번이나 강독했습니다. 《대학연의》는 송나라의 진덕수라는 사람이 사서 중의 하나인 《대학》을 풀이한 책입니다.

《대학》은 글자 그대로 '큰 학문'을 뜻합니다. 한마디로 세상의 통치철학이 담겨 있는 책입니다. 그렇다면 '큰 학문'은 과연 무엇일까요? 그것은 바로 '천하를 태평하게 만드는 것' 즉 '평천하平天下'를 말합니다. 평천하를 하려면 어떻게 해야 할까요? '수신修身 → 제가齊家 → 치국治國'의 단계를 거쳐야 합니다. 자신의 몸과 마음을 닦는 '수신' 과정도 자세히 나와 있습니다. 우선 사물의 이치를 깨달아(재격물在格物), 지극한 지식에 도달해야 하고(치기지致其知), 그런 다음에 뜻을 성실하게 하여(성기의誠其意), 마음을 바르게 해야(정기심正其心) 비로소 수신의 단계에 이른다는 식입니다. 수신제가치국평천하修身齊家治國平天下의 방법과 내용이 담긴 책이 바로 《대학》입니다. 백성과 신하를 다스리는 데서 가장 중요한 것은 자신의 마음부터 닦는 것입니다. 세종대왕은 어릴 적부터 독서로 마음을 닦았고, 왕이 된 후에도 끊임없는 독서로 마음 닦는 일을 잠시도 게을리하지 않았습니다.

세종대왕은 훈민정음을 창제했습니다. 훈민정음은 '백성을 가르치는 바른 소리'라는 뜻입니다. "어리석은 백성이 말하고자 하는 바가 있어도 마침내 제 뜻을 펴지 못하는 사람이 많아, 내 이를 불쌍히 여겨 새로 28자를 만들었다"라고 했습니다. 《세종실록》에는 백성을 생각하는 세종대왕의 마음이 녹아 있습니다.

> 28자로 변환되는 것이 다함이 없어 간략하면서도 적중했고, 정밀하면서도 통하게 되었다. 그래서 지혜로운 사람은 아침나절이 되기 전에 깨우칠 수 있고, 어리석은 사람도 열흘이면 배울 수 있다. 이로써 글을 해석하면 그 뜻을 알 수 있으며, 이로써 소송을 들으면 그 실정을 알아낼 수 있다.

1997년 처음 탄생한 '세종기술투자'의 세종은 1998년 '세종증권'으로 북방 영토를 확장했고, 2007년에는 '세종텔레콤'으로 신경망을 뻗었습니다. 대흥사와 홍승기업을 통해 주춧돌을 놓았고, 세종기술투자로 시작하여 SDN(세종디지털네트워크, 여성 전문 케이블TV 채널·프로덕션, 1999년 12월~2003년 3월)을 거친 뒤 다시 세종텔레콤으로 날개를 폈습니다. 통신은 소통입니다. 국민의 귀를 이어주는 실핏줄입니다. 세종텔레콤이 곧 한글인 것입니다.

1982년 제가 서울 명동에서 채권업에 뛰어들 때 처음 만든 회사 이름은 '대흥사'였습니다. 크게 부흥하라는 뜻입니다. 들불처럼 활활 일어나라는 바람과 돈을 많이 벌었으면 좋겠다는 희망이 담겨 있습니다. 1990년 '홍승기업'은 말 그대로 널리 사람들에게 유익한 기업으로 크고 싶다는 뜻이, 1997년 12월 9일 '세종기술투자'는 세종대왕 시대의 창조혁신 정신을 기업 경영을 통해 되살리고 싶다는 뜻이 배어 있습니다.

'홍익인간', '세종'이라는 이름에는 공유가치 창출 Creating Shared Value(기업이 수익 창출 이후에 사회 공헌 활동을 하는 것이 아니라 기업 활동 자체가 사회적 가치를 창출하면서 동시에 경제적 수익을 추구할 수 있는 방향으로 이루어지는 행위) 운동과 맥이 닿아 있습니다. 기업은 사회 발전에 기여하는 조직입니다. 혼자만 잘살겠다는 것이 아니라 더불어, 함께, 어깨동무하고 살겠다는 것입니다. 기업의 가치와 사회의 가치를 동시에 증진하는 인간중심 자본주의인 것입니다.

3

경제를 알아야
큰돈을 번다

제가 정식으로 첫 월급을 받아본 것은 외삼촌이 운영하던 사법서사 사무소에서 일할 때였습니다. 1974년 상경 당시에는 잔심부름이나 하며 먹고 지냈지만, 시간이 지나면서 조금씩 어깨너머로 사법서사 업무를 익혔습니다. 1975년 어느 날 처음으로 1만 9천 원의 월급을 받았습니다.

첫 월급을 받았을 때의 뿌듯함이란 지금 생각해도 심장이 터질 것처럼 강렬해 잊히지 않습니다. 고향 저수지 둑 공사에서 한 달 꼬박 맨몸으로 막노동을 해도 1만 8천 원을 받을 수 있을 뿐인데 그보다 1천 원을 더 받았던 것입니다. 1978년 1월 동화합동사법서사 사무소 시절에는 한 달 월급이 4만 원이었고, 법원 임시 서기보를 거쳐 1980년 방위 복무를 마친 뒤에는 30만 원으로 올랐습니다. 당시 과장급 월급이 50만 원 정도였고, 서울 아파트 한 채 값이 1,200만 원 정도 하던 시절이었습니다. 가끔 고향친구들과 짜장면(500원)이나 라면(100원)을 안주로 소주(200원)를 마셨습니다.

채권업에 뛰어들고 나서는 버는 돈의 단위가 달라지기 시작했습니다. 1년여 동업자 시절에는 한 달에 35만 원을 받았지만, 1982년에 독립하면서 저의 짧은 월급쟁이 시절은 끝났습니다. 1990년 주식투자 실패 직전까지 20억 원을 모았습니다. 8~9년 동안 채권업에서 그런대로 성공을 거둔 것입니다. 1990년 20억 원이면 당시 가장 비쌌던 서울 강남 압구정동 35평형 아파트(1억 3천만~1억 5천만 원)를 15채 정도 살 수 있는 큰돈이었습니다. 그러다가 1989~1990년 주식투자(신용투자 포함)에 120억 원을 쏟아부었다가 쫄딱 망했습니다. 돈 좀 벌었다고 간이 배 밖으로 나왔던 것입니다. 하지만 돈은 잃어본 사람이 또 버는 법입니다. 저는 포기하지 않고 다시 일어서 1997~1998년 IMF 외환위기를 계기로 530억 원을 벌어 그 자금으로 동아증권을 인수했습니다.

그렇습니다. 저도 처음에는 눈에 불을 켜고 돈을 쫓아다녔습니다. 늘 배고팠고 집안을 일으키기 위해서는 무조건 돈을 벌어야 했습니다. 그래서 누가 돈을 벌었다는 소문만 들리면 그 사람을 꼭 찾아가 만났습니다. '도대체 그런 사람들은 어떻게 생겼을까?' 그들이 정말 부럽기도 하고 한편으로는 그 방법이 궁금하기도 했습니다. '어떻게 하면 돈을 벌 수 있는가'를 그들에게 묻고 또 물었습니다. 그리고 하나하나 메모하고, 저라면 어떻게 할 것인가를 골똘히 궁리했습니다.

제가 한순간에 큰돈을 번 것은 아닙니다. 사람들은 제가 별 어려움 없이 손쉽게 돈을 벌었다고 생각하지만, 금리가 오르내릴 때마다 피가 말랐습니다. 겉은 멀쩡하지만 속으로는 바늘을 한 움큼 삼킨 듯한 고통이 떠나지 않았습니다. 얼굴은 웃고 있어도, 가슴은 까맣게 타들어가는 생활이 계속됐습니다.

오랫동안 시장 바닥에 굴러서인지, 경제를 알면 돈을 벌 수 있다는 것을 감각적으로 익혔습니다. 이론적으로 아는 것도 중요하지만 실물도 중요합니다. 중앙은행의 금리 정책과 금융 정책, 기획재정부의 경기부양 정책(재정 정책과 조세 정책), 그리고 실물 경기와 자산 시장에 관한 거시경제 동향 파악이 바로 그것입니다. 이런 것에 대한 모든 정보를 입수하고 제 나름대로 판단 기준을 세우고 있으면 돈 버는 것은 그리 어렵지 않았습니다.

돈에도 '눈'이 있습니다. 사람에게 '인격'이 있듯이 돈에도 '돈격'이 있습니다. 돈은 사람이 자기를 어떻게 생각해주느냐에 따라 졸졸 붙기도 하고 쌩하고 도망치기도 합니다. 물론 돈은 절약하고 아낄 줄 아는 사람에게 모이기 마련입니다. 하지만 그건 작은 돈의 경우입니다. 쓸 줄 알고 투자할 줄 알아야 큰돈이 들어옵니다. 작은 돈은 쫓아가면 벌 수 있지만, 큰돈은 쫓는다고 들어오지 않습니다.

저는 명동에서 컸습니다. 제 인생의 8할을 명동이 키웠다고 해도 과언이 아닙니다. 명동에서는 어음으로 돈놀이하던 사람은 어음으로 망하고, 채권 장사 하던 사람은 채권으로 망했습니다. 변신을 꾀하지 않은 사람은 모두 망했습니다. 저는 한 번 성공했던 금융 상품에 고집하지 않고 수시로 발빠르게 다른 금융상품으로 바꿔나갔습니다. 국공채, 회사채, 양도성예금증서, 전환사채로 경제 흐름을 타고 과감하게 갈아탔습니다. 사람은 타성에 젖어 자기가 해오던 익숙한 방식대로 계속하기 쉽습니다. 하지만 그러다 보면 그것으로 망하기 쉽습니다. 끊임없이 생각을 바꾸지 않으면 살아남을 수가 없습니다. 돈을 모으려면 보이지 않는 곳에서 볼 줄 알아야 하고, 보이는 곳에서는 안 보이는 것을 생각할 줄 알아야 합니다. 살기 어려운 사람은 호경기에도 생기고, 큰돈 버는 사람은 불경기에도 나오는 것입니다.

저는 남에게 돈을 빌려서 장사를 했지, 돈을 남에게 빌려주고 이자 받는 일을 주업으로 하지 않았습니다. 남에게 돈을 빌리면 그 순간 제 사업을 제 맘대로 못 하게 됩니다. 그들은 돈을 빌려준 순간부터 감 놔라 배 놔라 간섭하기 시작합니다. 1982년 제가 맨몸으로 명동에 대흥사를 설립했을 때가 좋은 예입니다. 당시 자본금이 없어서 어음업자에게 한 달 6부의 조건으로 2천만 원을 빌렸습니다. 그 어음업자는 제가 1년 뒤 돈을 갚을 때까지 우리 사무실에서 살다시피 했습니다. 그럼에도 불구하고 돈은, 처음에는 그것을 가지고 있는 사람의 힘이 절대적이지만, 그것을 빌려 쓴 사람 쪽으로 점점 무게중심이 이동합니다. 빌려준 사람은 일정한 이자를 받지만, 빌려 쓴 사람은 이자를 주고도 이익이 남아야 합니다.

돈이란 남의 돈이든 제 돈이든 그걸 굴리는 사람의 것이지 돈을 갖고 있는 사람의 것이 아닙니다. 돈을 갖고 있는 사람은 그냥 부자일 뿐입니다. 그런 사람은 생산자로서 고용을 창출하거나 혁신적인 사고와 기술을 통해 이 나라의 경제사회에 기여하는 것이 부족하다고 생각합니다. 저는 큰손들에게 10억 원을 빌리면 그걸 활용하여 제도권 금융에서 1천억 원을 만들어내는 '프로젝트 파이낸싱'을 하려고 애썼습니다.

채권업자들처럼 이제까지 번 돈으로 이자놀이를 하거나 임대업을 해도 평생 여유롭게 살아갈 수 있었을 것입니다. 그러나 '유통경제 플랫폼' 사업을 추구해보지 않는 삶이 무슨 의미와 재미가 있겠습니까?

굳이 따지자면, 저에게는 돈이 없습니다. 재산이 모두 종이 쪽지(주식)로 되어 있으니까 말입니다. 제가 경영을 잘하면 종이 쪽지가 다이아몬드가 될 것이고 그렇지 않으면 휴지 조각이 될 것입니다. 그래서 앞으로 제 회사의 주식 가치가 제 인생의 성적표가 될 것입니다. 이제는 돈 때문에 사는 게 아닙니다. 저는 우리 회사의 주식 가치를 높여 이 사회에 뭔가 남기고 싶습니다.

저는 어려웠던 과거를 잊은 적이 없습니다. 사정이 딱한 사람을 보면 망설인 적이 없습니다. 하지만 게을러서 가난한 사람에게는 절대 손을 내밀지 않습니다. 부끄러워할 줄 모르는 사람에게도 마찬가지입니다.

요즘 미국 트럼프 대통령이 말 한마디로 전 세계를 울렸다 웃었다 하고 있습니다. 그는 미국의 제45대 대통령이기 이전에 이미 세계 최대의 부동산 카지노 재벌입니다. 마흔한 살에 이미 수십억 달러의 자산을 일군 부동산 제국의 황제가 되었습니다. 저는 그의 정치적 견해에 전혀 관심이 없습니다. 그러나 그가 CEO로서 거래의 달인임에는 틀림없다고 생각합니다. 그것도 대단히 치밀하고 집요한 협상가라고 느낍니다. 이러한 그의 모습은 트럼프의 《거래의 기술》(살림, 2015)에 잘 나와 있습니다. 트럼프는 스스로 거래를 즐긴다고 말합니다. 거래 협상에서는 수단과 방법을 가리지 않습니다. 체면이니 예의니 그런 것에 전혀 개의치 않습니다. 마치 스나이퍼처럼 '원샷 원킬'을 노리는 것입니다. 상대로서는 굴복 아니면 결렬을 택할 수밖에 없습니다. 만약 결렬을 택한다면 그 뒤에는 '람보'로 상징되는 최강대국의 무자비한 복수를 각오해야 합니다.

나는 돈 때문에 거래를 하는 것은 아니다. 돈은 얼마든지 있다. 내게 필요한 양보다 훨씬 많다. 나는 거래 자체를 위해서 거래를 한다. (…) 나는 거래를 통해서 인생의 재미를 느낀다. 거래는 내게 하나의 예술이다. 나는 크게 생각하기를 좋아한다.

《거래의 기술》에서는 이렇게 거래의 재미에 대해 이야기합니다. 감히 트럼프와 비교할 수는 없지만, 저는 저 자신을 위해 돈을 써본 기억이 거의 없습니다. 그저 돈 버는 일 자체를 재미있어 할 뿐입니다. 물론 돈을 써서 즐기는 사람도 있고, 돈 버는 걸 즐기는 사람도 있을 것입니다. 은퇴 후에는 어떻게 될지 모르겠지만 아직까지는 저는 후자 쪽임에 틀림없습니다.

돈이 한 사람이나 한 조직에 고이거나 막히지 말고 고루고루 잘 돌아가는 사회가 되었으면 합니다. 그리하여 한솥밥을 나눠 먹는 따듯한 세상이 된다면 참 좋겠습니다. 저 같은 사람도 그런 일에 조금이나마 힘이 된다면 더할 나위 없습니다.

4

늦깎이 학생의
독서

현대그룹 창업주 정주영(1915~2001) 회장은 매력이 넘치는 분입니다. 경영인으로서야 말할 것도 없고, 그가 평생 보여준 소박한 인간미는 두고두고 회자됩니다. 삼성그룹 창업주 이병철(1910~1987) 회장도 대단한 분입니다. 하지만 두 사람은 모든 면에서 극과 극입니다. 이병철 회장은 부잣집 아들로 태어나 일본 와세다대학교에 유학까지 다녀온 인텔리 출신입니다.

이에 반해 정주영 회장은 강원도 산골의 찢어지게 가난한 집안의 8남매(6남 2녀) 중 장남으로 태어나 겨우 소학교(일제강점기 초등학교)를 마쳤습니다. 그리고 철도 공사판에서 막노동을 하거나 인천 부두에서 뱃짐을 나르고, 서울 쌀가게에서 배달원 노릇을 했습니다. 1933년 나이 열여덟에 당시 보성전문학교 본관(현재 고려대 본관 석조건물, 사적 제285호) 공사 시 돌을 짊어 나르기도 했습니다. 그래서 그는 노동자라는 말을 가장 좋아했습니다. 열심히 일해서 성공한 노동자이지 결코 재벌이 아니라는 것입니다.

정주영 회장은 땀을 뻘뻘 흘리며 열심히 일하는 노동 그 자체의 즐거움을 몸소 뼛속까지 익힌 분입니다. 그는 "아주 피곤하게 일을 하고 나면 잠을 곤히 잘 수가 있어서 좋고, 일을 많이 하다 보면 배가 고파지니까 밥맛이 좋고, 오랫동안 뙤약볕 아래서 일을 하다가 잠시 나무 그늘로 들어가 쉬면서 막걸리 한잔 들이켜면 마치 극락과 같은 행복감이 든다"라고 말합니다.

정주영 회장은 소학교 졸업 후 네 번이나 가출을 했습니다. 그때마다 아버지에게 붙들려 집으로 돌아가야만 했습니다. 1931년 열여섯 살에 두 번째로 가출해 철도 공사판과 금화 공사장을 떠돌았고, 1932년 세 번째 가출 때는 아버지가 소를 판 돈을 들고 나와 서울에서 부기학원을 다녔습니다. 그러다가 1933년 네 번째 가출 때는 인천 부두에서 뱃짐을 나르거나 이곳저곳 공사장에서 막노동을 했습니다. 고려대학교 본관 석조 건물 공사장에 뛰어든 것도 바로 그 무렵이었습니다.

정주영 회장의 아버지는 왜 아들이 가출할 때마다 기를 쓰고 찾아 나섰을까요? 그는 매번 아들에게 말합니다. "대학 나온 놈들도 실업자가 되는 판국에 너 같은 조선놈이 서울로 올라간다고 해서 다 성공하는 건 아니다. 게다가 넌 장남이니까 고향에서 농사를 지어야 한다"라고. 이에 대해 정주영 회장도 자신의 생각을 말합니다. "아버지는 우리 동네에서 가장 부지런하십니다. 한 뼘의 논밭이라도 더 만들기 위해 허구한 날 땅을 고르고, 돌을 추려내고, 삼태기로 거름을 날라 묻고, 그야말로 손이 발이 되도록 일하셨습니다. 그런데도 우리 가족은 늘 배고프고 가난합니다."

정주영 회장은 강원도 고향 산골 마을에서는 더 이상 희망이 없다고 생각한 것입니다. 저도 마찬가지였습니다. 1974년 봄, 제가 고향의 중학교를 마친 뒤 무작정 서울로 올라온 것도 그곳에는 더 이상 희망이 없었기 때문이었습니다.

그것이 제 인생의 첫 번째 탈출이었습니다. 1999년 짧은 옥살이가 두 번째 탈출이라고 할 수 있습니다. 그 이전과 그 이후의 제 삶과 가치관이 완전히 바뀌었기 때문입니다. 낡은 허물을 벗어버리고, 새로운 김형진으로 탈바꿈하여 '날마다 새날'을 살기로 했던 것입니다. 그러려면 우선 더 배워야겠다는 생각이 들었습니다.

제 또래는 제가 시장에서 현장 공부를 할 때 정규 교육을 받았습니다. 반대로 이제는 제가 학교 공부를 하고, 그들이 시장 공부를 할 차례인 것입니다. 마침 저는 1975년에 외삼촌의 사법서사 사무소에서 일을 하면서 방송통신고등학교에 입학하여 1977년에 그 과정을 마쳤습니다. 대학에 들어갈 자격을 갖춘 것입니다.

1999년 12월 29일 항소심에서 풀려난 뒤 제가 맨 먼저 해야겠다고 결심한 것은 바로 대학 공부였습니다. 그렇게 2000년 봄 경기대학교 경영학과에 들어갔고, 2004년 2월 졸업했습니다. 내친김에 대학원에 들어가 2006년 2월 석사과정을 마쳤습니다. 〈국제통화정책을 중심으로 한 세계경제 조정 메커니즘에 관한 연구〉가 석사학위 논문 주제입니다.

그 후에도 배움을 향한 열정이 남았습니다. 2년여 동안 쉬지 않고 서울대, 고려대, 연세대, 서강대, 외국어대, 한양대 등의 경영 관련 프로그램에 참가했습니다. 삼성경제연구소나 전경련 등의 교육 프로그램에도 열심히 찾아다녔습니다. 최근까지도 낮에는 사업을 하고 밤에는 공부를 하는 주경야독의 시간을 보냈습니다.

저는 공부하는 것이 참 즐겁습니다. 새로운 것을 보면 호기심이 생겨 어쩔 줄 모릅니다. 그것을 이해해야 직성이 풀립니다. 경영학이란 시작도 끝도 없습니다. 평생 공부해도 그 끝이 어딘지 알수 없습니다. 그래서 더 재미있는지도 모릅니다. 제가 아는 경영학이란 '사람에 관한 학문'이라는 것입니다. 인간이란 무엇인지 알아야 합니다. 인간은 아직도 '인간이 무엇인가'라는 화두를 붙잡고 있습니다. 인간을 다루는 경영학이 어려울 수밖에 없습니다.

저마다 다른 사람을 모아서 공동의 비전과 목표, 가치관을 향해 나간다는 것은 참으로 짜릿하고 보람찬 일입니다. 하지만 말이 쉽지 첫 단계인, 구성원 모두가 공동의 비전과 목표를 공유하는 것은 굉장히 어려운 일입니다. 이해관계와 생각이 각각 다르기 때문입니다. 이때 CEO의 역할이 필요합니다. 활발한 커뮤니케이션과 끈질긴 설득으로 하나의 목표를 향하도록 이끌어내야 합니다. 때로는 분노가 치솟고, 때로는 지쳐 무력감에 빠집니다.

공자님 말씀은 그의 태생만큼이나 소박합니다. 공자님은 세 살 때 아버지를 여의고 홀어머니 밑에서 자랐습니다. 그의 어머니는 열여섯 살 때 예순다섯 살의 아버지를 만났습니다. 그마저 첫째도 둘째도 아닌 셋째 부인이었습니다. 그런데도 공자님은 훌륭하게 자라 성인이 됐습니다. 공자님은 "배우고 때로 익히면 즐겁지 아니한가"(학이시습지불역열호 學而時習之不亦說乎)라고 말씀하셨습니다. 여기서 '때로 익힌다'(時習)는 말에 매번 감동합니다. 우리나라 고등학교 3학년 학생들처럼 새벽부터 밤늦게까지 죽어라 공부하는 것이 아니라, 때때로 시간이 날 때마다 즐겁게 공부한다는 것입니다. 그렇습니다. 공부란 남이 시켜서 하는 것이 아니라 내가 좋아서 하는 것이 으뜸입니다.

제가 만나는 모든 사람이 스승이자 멘토입니다. 전문가나 경험자들의 충고나 지적은 훌륭한 교과서가 됩니다. 과거에 저를 갉아먹던 열등감이 이제는 훌륭한 충전의 땔감이 되기도 합니다. "아는 것을 안다고 하고, 모르는 것을 모른다고 하는 것이 바로 아는 것"(지지위지지부지위부지시지야 知之爲知之不知爲不知是知也)이라는 공자님의 말씀을 늘 가슴에 새기고 삽니다.

4

우리는
하나다

세종의 사람과 기술

삶은 '사람과 사람의 관계'입니다.
그 누구도 혼자서는 이 세상을 살아갈 수 없습니다.
일도 마찬가지입니다. 아무리 힘든 일도
여럿이 뜻을 함께하면 쉽게 이루어집니다.

1

노조는
수레의 한쪽 바퀴

2007년 법정관리 중인 통신회사 EPN(엔터프라이즈네트웍스)를 인수할 즈음이었습니다. 그 당시 우리에게는 세종증권을 매각한 뒤 700억~800억 원의 여유 자금이 있었습니다. 그 자금을 종잣돈 삼아 새로운 미래 성장 동력을 찾아야 했습니다. EPN이란 회사는 1996년에 설립됐지만, 2004년 5월 경영난으로 법정관리에 들어간 상황이었습니다.

당시 저는 예전의 김형진이 아니었습니다. 돈을 벌겠다는 단순한 꿈에만 몰입하지 않았습니다. 돈을 가치 있게 쓰고 싶었습니다. 기업을 통해 보란 듯이 꿈을 실현하고 싶었습니다. 국가와 사회를 위해 뭔가 보탬이 되는 사업을 하고 싶었습니다. 마침 통신업은 미래 성장 산업인 데다 사람들의 일상에 생활필수품 같은 업종이었습니다. 게다가 전문가들도 대부분 EPN은 회생 가능성이 충분하다는 의견을 보였습니다. 악성부채와 부실자산도 어느 정도 청산된 상태였습니다.

하지만 우리는 그해 3월 입찰에서 꼴찌로 탈락했습니다. 입찰에 참여한 4개 사 중 4위에 그쳤습니다. 우리는 응찰가로 720억 원을 써냈는데, KTB-JED 컨소시엄이 1,050억 원으로 우선 협상 대상자로 선정된 것입니다. 2위는 900억 원대의 미국계 투자회사, 3위는 800억 원대의 A사였습니다.

기대가 컸던 만큼 그 실망감 또한 이루 말할 수 없이 컸습니다. 2006년 1월 31일 세종증권 매각 이후 태스크포스팀을 구성해 오랫동안 준비해왔던 일이 한순간에 물거품이 된 것입니다. 우리는 한동안 무력증에 빠졌습니다. 앞으로 어떻게 할 것인지 막막하기만 했습니다. 하늘이 도왔는지 EPN 재입찰 소식이 들려왔습니다. 우선 협상 대상자인 KTB-JED 컨소시엄이 전격적으로 입찰 포기를 선언했습니다. 그들이 써낸 1,050억 원과 실제 EPN의 자산 내역을 살펴보니 그 격차가 너무 컸던 것입니다.

서울중앙지법 파산부는 입찰 무효를 선언하고 4월에 재입찰을 공고했습니다. 우리는 재입찰에서 940억 원을 최종 입찰가로 써냈습니다. 입찰 대상자 선정이 예정된 날, 저는 법원에도, 회사에도 나가지 않았습니다. 서울 근교로 바람을 쐬러 나갔습니다. 그만큼 마음을 다잡기가 힘들었습니다. 그런데 오후 7시 예정이었던 우선 협상자 발표가 갑자기 다음 날 오전 10시로 미뤄졌습니다. 도대체 무슨 일일까. 우리는 그날 모두 뜬눈으로 밤을 새웠습니다. 다음 날 아침, 마침내 우선 협상자로 세종캐피탈이 선정됐습니다. 외국계 컨소시엄은 950억 원으로 우리보다 10억 원을 더 많이 써냈지만, 인수금액 조달 방법과 운영 계획에서 우리가 높은 점수를 얻었던 것입니다.

큰 산은 넘었지만 고비는 또 있었습니다. EPN의 노조를 설득해야 했습니다. 노조가 인수를 반대하면 될 일도 안 되기 때문입니다. 1차 입찰 당시에도 EPN 노조는 우선 협상 대상자인 KTB-JED 컨소시엄의 인수를 강력하게 반대했습니다. 노조는 KTB-JED 컨소시엄이 회사를 인수한 후 구조조정으로 회사의 가치를 높인 뒤 다시 팔아먹는 곳이라며 EPN이 회생 의지가 있는 다른 회사에 인수되도록 해달라는 내용의 탄원서를 법원 파산부에 제출했습니다.

KTB-JED 컨소시엄의 입찰 포기 배경에는 그러한 노조의 강력한 반대도 영향을 미친 것입니다. 저는 EPN 노조 집행부와 만나 일곱 시간 동안이나 대화를 나눴습니다. 저는 이 회사를 제대로 키워 유능한 통신기업가 소리를 듣고 싶다고 말했습니다. 그들은 제가 인수해 구조조정을 한 뒤 웃돈을 얹어 팔아먹고 일명 '먹튀'를 하는 게 아닌가 하고 의심했습니다. 저는 기업가와 노조는 결코 적대 관계가 아니라 협력자이자 동업자라고 힘주어 말했습니다.

물론 그들의 심정을 모르는 바는 아니었습니다. 법정관리 3년에 직원들은 위축될 대로 위축된 상황이었습니다. 언제 망할지 모르는 부실기업에 다니고 있다는 자괴감과 패배의식은 이루 말할 수 없었습니다. 저는 EPN의 기존 직원에 대해 3년 동안 고용을 보장하고 업계 최저 수준이던 임금을 경쟁사 수준까지 올려주겠다고 약속했습니다. 그들에게 꿈과 비전을 보여주고 싶었던 것입니다. 결국 노조는 제 마음을 받아들였습니다. 대화가 끝난 후 노조위원장이 조합원들 앞에서 "이제 우리는 살았다. 세종캐피탈에 적극적으로 협조하면 우리의 살길이 열릴 것이다"라고 전했고 그 말에 노조원이 환호했다는 소식이 들려왔습니다.

2007년 9월 용평에서 전 세종 가족이 모여 비전 선포식을 가졌습니다. 그때 처음으로 회사 행사에서 노조위원장이 축사를 했습니다. 감회가 새로웠습니다. 불과 몇 달 전만 하더라도 법원에서 EPN은 청산 가치가 더 높다고 했는데, 이젠 회사 이름도 세종텔레콤으로 바뀌었고, 조합원들도 한번 해보자는 분위기였던 것입니다.

모두가 화합하고 단합할 수 있는 자리를 마련해주신 회사 측에 무한한 감사의 말씀을 드립니다. (…) 지난주에 여의도 한국노총 연맹 회의실에서 우리 조합의 상급단체인 정보통신연맹의 8월 대표자 회의가 있었습니다. 그 자리에서 연맹위원장이 엔터프라이즈는 그동안 고생만 하더니 이제 정말 복 받은 것 같다, 그런 마인드를 가진 경영자를 정말 찾기가 쉽지 않다, 임금 교섭 결과는 한국노총의 훌륭한 사례로 꼽아야 할 것 같다는 얘기를 했습니다. (…) '정말 복받은 것 같다'는 말을 듣는 순간, '아 이 말이 정답이구나'라는 생각이 머리를 스쳤습니다. (…)

집안의 분위기는 가장인 아버지에 의해서 좌우되듯이, 회사가 발전하느냐 못 하느냐는 경영자의 자질과 특히 마인드에 있다는 것을 우리가 그동안 얼마나 절실히 느껴왔습니까? 그래서 인수·합병이 진행되는 동안 우리가 얼마나 긴장을 했습니까?

세종증권을 통해 검증을 받은 분이 우리 회사 경영자로 들어오셨습니다. 업계에서 호평을 받으시는 분이 우리 회사로 들어오셨습니다. 회사가 발전하기 위해서는 노동조합이 반드시 있어야 한다고 주장하시는 분이 우리 회사 경영자로 들어오셨습니다. 패배주의를 씻고 오직 희망과 열정만 있으면 못 해낼 것이 없다고 주장하시며 끌어당김의 법칙을 주장하시는 분이 우리 회사에 들어오셨습니다. 성과의 30퍼센트를 종업원에게 돌려주겠다고 하시는 분이 들어오셨습니다. 사람 하나하나를 소중히 여기시는, 그래서 전 직원의 고용 보장을 주장하시는 분이 우리 회사 경영자로 들어오셨습니다. 이것이 종업원의 입장에서 진짜 복이 아니면 과연 무엇이 진짜 복이겠습니까? (…)

이제는 효과 창출에 고민하시고 노력하시는 모든 분들을 위해 적극 지원하는 모습을 보여드리겠습니다. '정말 잘될 것 같다', '반드시 잘돼야 한다'라는 기운이 온몸에 퍼질 것이리라 믿습니다. 이

기운을 그대로 사업장으로 옮겨서 나 자신의 발전을 위해서, 회사의 발전을 위해서 다 함께 매진해주실 것을 부탁드립니다. 감사합니다.

노조위원장의 축사가 끝나자마자 저도 모르게 그를 덥석 끌어안았습니다. 그렇습니다. 노사가 똘똘 뭉치면 무엇을 못 하겠습니까. 노조위원장이 회사를 위해 앞장서겠다는데 누가 따르지 않겠습니까. 그 자리에 모인 전 직원이 손바닥이 뜨거워질 정도로 불같은 박수로 환영했습니다.

노사관계란 언제나 어렵습니다. 늘 화기애애한 것만은 아닙니다. 때로는 조그마한 의견 차이로 오해가 생기는 경우도 있습니다. 그래서 자주 만나 대화하며 신뢰를 쌓는 것이 중요합니다. 일단 서로 믿음이 굳어지면 아무리 큰 어려움을 당해도 힘을 합쳐 헤쳐 나갈 수 있습니다.

회사를 인수하고 한 달도 채 안 되는 때였습니다. 세종텔레콤의 선로팀과 구매팀을 분리해 '세종 TNC'라는 자회사로 분리 독립을 추진하고 있었습니다. 그게 훨씬 더 효율적이라고 생각했기 때문입니다. 당시에는 그 문제가 노조의 이해를 구할 사항이 아니라고 생각했습니다. 사내에서 여러 소문이 나돌고 있는 건 알았지만, 대수롭지 않게 생각했습니다. 일을 하다 보면 일일이 모든 일에 신경을 쓸 수 없기 때문입니다.

그때 노조위원장의 면담 신청이 들어왔습니다. 회사 인수 후 노조위원장과의 첫 만남이었습니다. 인수 협상을 진행할 당시 EPN 노조 집행부와의 일곱 시간 면담 이후 처음이었습니다. 무슨 일이냐고 물었습니다. 그러자 노조위원장은 "선로팀을 별도 법인으로 한다는 데 그게 사실이냐"라고 되물었습니다. 그 즉시 저는 "그건 경영권에 관한 것이니 노조가 왈가왈부할 사항이 아니다"라고 말했습니다. 노조가 경영에 대해서 시비를 건다고 생각했기 때문입니다. 그리고 "그런 이야기를 할 거라면 당장 나가라"고 소리쳤습니다. 그만큼 저는 당시 신경이 상당히 예민한 상황이었고 또한 원래 성격이 급하기도 했습니다.

직원들과 함께 식사할 때도 제가 밥을 먹는 속도가 너무 빨라 직원들이 제 속도에 맞추느라 무척 애를 먹습니다. 제가 숟가락을 놓을 때, 직원들은 막 숟가락을 들기 시작한다는 것입니다. 그 정도로 급한 성격이다 보니 제 생각만 급히 펴부은 것입니다. 아차 싶어 30분 후에 다시 노조위원장을 불렀습니다. 그리고 잠시 대화를 해보니 이내 그의 충심 어린 회사 사랑을 확인할 수 있었습니다. 그는 "직원들이 법정관리다 뭐다 해서 그동안 피해의식이 많았는데, 이번에 회사가 갑자기 분사를 한다니까 이거 또 우리를 이런 식으로 내쫓으려는 거 아닌가 하고 불안해하고 있다"라고 말했습니다. 그러면서 일부 여직원은 패닉 상태에 빠져 울고 불고 난리인데, 노조위원장인 자신이 회사 입장을 듣고 그들에게 설명해주려고 한다고 말했습니다.

이에 저는 결코 구조조정을 위한 분사가 아니라 여러 가지 문제점을 해결하기 위한 경영상 필요한 조치일 뿐이라고 말했습니다. 그리고 세종텔레콤 직원과 모든 처우 조건을 동등하게 할 것이니 조금도 불안해할 이유가 없다고 설명했습니다. 그러면서 그의 손을 맞잡고 "고맙다. 앞으로 이런 일이 있으면 노조에 충분하게 설명해주겠다"라고 약속했습니다.

2007년 8월 EPN을 인수한 지 한 달 만에 총액 대비 45.5퍼센트의 임금 인상을 실시했습니다. 그리고 대학 학자금 지급 등 복리후생비도 100퍼센트 올렸습니다. 그 이듬해 3월에는 임금을 총액 대비 14.5퍼센트 인상하고 부모상 300만 원 지원 등 복리후생을 더욱 강화했습니다. 그 대신 기존의 연공 서열에 따른 보수 체계를 능력 위주로 바꿨습니다. 인센티브 제도를 적극 활용하여 뛰는 조직을 만들고 싶었기 때문입니다.

2008년 10월 세종텔레콤은 노동부 주최 '올해의 노사문화 우수기업상'을 받았습니다. 특히 이 상은 회사가 아니라 노조가 노동부에 적극 추천한 것이어서 저에게는 더욱 의미가 깊었습니다. 나중에 들어보니 당초 세종텔레콤 노조에서는 그런 상이 있는지조차 몰랐다고 했습니다. 상급단체인 한국노총 IT 연맹에서 세종텔레콤 경영자 같은 분은 널리 알려야 한다며 세종텔레콤 노조에게 적극 추천을 권했다는 것입니다. 한국노총도 제가 처음 직원의 고용 보장을 하고 임금을 업계 평균 수준으로 인상할 당시에는 노조 간부들에게 경영진의 고도 술수일지도 모르니 경계를 늦추지 말라고 충고했다고 합니다. 그런데 1년 후까지도 경영진의 진심 어린 조치와 대우가 계속되자 한국노총 간부들은 비로소 우리 경영진에게 전폭적인 신뢰를 보내게 됐다는 것입니다.

가슴 아픈 시절도 있었습니다. 2009년 미국발 금융위기가 불어닥쳤습니다. 160억 원의 영업적자가 발생했고, 회사로서는 허리띠를 졸라맬 수밖에 없었습니다. 결국 그해 8퍼센트의 임금 삭감을 단행했습니다. 일반 직원은 연봉의 8~15퍼센트, 임원은 15~33퍼센트의 임금을 반납하면서 필사적으로 자구책 마련에 나섰습니다. 그렇게 힘든 고비를 넘겼습니다. 회사는 1년 후 임금 삭감액만큼 고스란히 사원들에게 돌려주고, 거기에 총액 대비 13퍼센트의 임금을 올렸습니다.

2019년 10년 만에 우리 회사는 다시 5퍼센트의 임금 삭감을 단행했습니다. 안팎으로 경영환경이 열악해진 것입니다. 경영자로서 잠 못 이루는 밤이 많아졌습니다. 노조가 고통 분담에 기꺼이 동참해준 것에 감사하며, 아울러 깊은 책임감을 느낍니다. 저는 우리 노사가 하나로 똘똘 뭉쳐 쓰나미처럼 밀려오는 이 난관을 슬기롭게 헤쳐 나가리라고 확신합니다.

2010년 1월 초 저는 법원에서 무죄 판결을 받고 구치소에서 나왔습니다. 그리고 그다음 날 청계산에서 전 직원 결의대회를 가졌습니다. 그때 "경영자인 제가 여러분에게 걱정을 끼쳐 죄송합니다. 이번 일을 교훈 삼아 앞으로 혼신의 힘을 다해 회사 경영에 매진하겠습니다. 그리고 앞으로 경영 회의에 노조위원장을 참여시키겠습니다"라고 약속했습니다. 그 이후로 세종텔레콤의 노조위원장은 경영 회의에 지금까지 계속 참여하고 있습니다.

2011년 3월 온세텔레콤을 인수했습니다. 우리의 비전을 실현하기 위한 주춧돌 작업이었습니다. 하지만 온세텔레콤의 홀로서기는 그리 쉽지 않았습니다. 결국 2015년 4월 1일 세종텔레콤은 통신 사업 전부를 온세텔레콤으로 양도하여 양 사의 주요 사업인 통신 사업을 통합했습니다. 통합과 동시에 (주)세종텔레콤은 세종투자(주)로, (주)온세텔레콤은 세종텔레콤(주)로 사명을 변경했습니다. 그리고 두 노조의 통합 협상이 진행됐습니다. 그러나 견해차로 협상이 결렬됐고, 그 결과 복수 노조 체제로 가게 됐습니다.

CEO로서 안타까운 결과였지만 인정하는 수밖에 없었습니다. 문제는 그 이후 수년 동안 양 노조 간의 불화로 불필요한 에너지를 낭비했다는 것입니다. 저는 그 과정에서 악덕 기업주로 매도되기도 했고, 한쪽 노조위원장은 상대 노조로부터 명예훼손으로 고소까지 당했습니다. 역시 문화가 전혀 다른 두 조직의 통합이란 생각처럼 쉽지 않았습니다. 값비싼 수업료를 치르고, 최근에야 노조가 안정을 찾았습니다.

노조가 안정돼야 회사도 안정됩니다. 노사가 손을 맞잡으면 힘이 두 배가 아니라 그보다 몇 배의 시너지 효과가 납니다. 세종텔레콤에 새바람이 불기 시작했습니다. 2015년 온세텔레콤과의 통합 이후 물리적 통합뿐만 아니라 화학적인 통합 단계까지 온 것입니다. 편 가르기가 눈에 씻은 듯 사라지고, 반목하고 질시하던 풍조가 자취를 감췄습니다. 경영진은 직원들을 믿고, 직원들은 경영진을 믿었습니다. 앞에서 끌고, 뒤에서 밀고, 보기만 해도 흐뭇했습니다.

회사가 성장하려면 노조가 있는 것이 훨씬 도움이 됩니다. 우선 CEO의 잘못에 '태클'을 걸어줄 존재로 노조가 있어야 합니다. 저는 일 잘하는 사람이 노조에 적극 참여하도록 권장합니다. 노조 집행부에 우리 회사에서 가장 우수한 인재들이 가야 한다고 생각합니다. 성과가 나쁜 사람들이 모이면 앞서가는 사람들의 뒷다리만 잡으려 하는 나쁜 노조가 됩니다. 능력 있고 성과가 좋은 직원이 노조에 참여해야 좋은 노조가 됩니다. 그래야 그들이 우리 회사의 장래를 생각하고, 그 미래를 위해 어떻게 하는 것이 최선의 길인지 늘 고민하고 회사 경영진과 머리를 맞댈 것이기 때문입니다. 그리고 그들도 언젠가 경영자가 되어 우리 회사를 이끌고 갈 것입니다.

회사가 잘되어야 직원도 잘된다는 것은 엄연한 사실입니다. 이를 위해 노사가 힘을 합쳐 노력하는 것도 당연합니다. 물론 이 과정에서 방법론을 놓고 생각이 다를 수 있습니다. 이럴 때는 서로가 대화를 통해 해결해나가면 됩니다. 하지만 정치적 투쟁을 일삼거나, 어느 개인이나 특정 집단의 이익을 위해 노조를 이용한다면 그건 받아들일 수 없습니다.

합리적이고 상식이 있는 노조라면 언제든지 환영입니다. 노조는 수레의 한쪽 바퀴입니다. 또 다른 바퀴인 경영진과 조화를 이루어야 앞으로 잘 굴러갈 수 있습니다. 우리 회사는 높은 임금을 주거나 복리후생이 아주 뛰어난 기업은 아닙니다. 하지만 세종텔레콤은 직원을 존중하고, 노조를 배려하며, 회사의 경영 상황을 가급적 전 직원에게 알리고자 노력합니다. 그렇게 노사가 함께 기업을 만들어가는 회사입니다.

2

집단지성의
힘

세상은 이른바 제4차 산업혁명 시대로 접어들고 있습니다. 이 용어를 두고 여러 담론이 있지만, 그것이 아우르는 시대정신은 모든 것이 연결되는 지능사회라고 생각합니다. 디지털기기와 인간이 융합되고, 사이버 세계와 물리적 세계가 네트워크로 이어져 하나의 통합 시스템을 이루는 것입니다. 인공지능, 사물인터넷, 빅데이터, 블록체인과 같은 새로운 기술의 융합으로 눈부신 세상이 눈앞에 펼쳐지고 있습니다.

세종 가족은 이 격변의 시대를 어떻게 헤쳐 나가야 할 것인가. 이 산업 융합의 시대에 우리는 무엇을 복합하고 버무려야 할 것인가. 내부 조직 간의 융합도 몇 년씩 걸리는 마당에, 바깥세상의 사람들과 기기를 연결하여 하나의 또 다른 세상을 만든다는 것은 얼마나 어려울 것인가. 고민은 깊어지고 넓어집니다.

요즘 안팎으로 경영 여건이 참으로 엄혹합니다. 솔직히 어떻게 회사를 이끌어나갈지 고민하다 보면 밤잠을 제대로 이루지 못합니다. 어쩌면 그것이 CEO의 숙명인지도 모르겠습니다. 오죽하면 중국의 알리바바 창업자 마윈 같은 사람은 "오늘은 고통스럽다. 내일은 더 고통스럽다. 그리고 모레는 아름다울 것이다"라고 했겠습니까? 이기는 자가 강한 것이 아니라 살아남는 자가 강한 것입니다. 어떻게 하든 우리 회사를 잘 유지하여 세종 가족을 먹여 살려야 할 의무와 책임이 있습니다.

2016년 3월, 프로바둑의 이세돌 9단이 인공지능 알파고와 다섯 번의 대국에서 한 번을 이기고 네 번을 졌습니다. 그에 앞서 2011년에는 이미 IBM의 인공지능 왓슨이 미국의 퀴즈쇼에서 우승했고 최근에는 의료, 법률 등 다양한 분야에서 활용되고 있습니다. 또한 애플의 시리, 아마존의 에코, 마이크로소프트의 코타나, 삼성전자의 빅스비, SK텔레콤의 누구, 네이버의 클로바, 카카오의 미니 등 자연언어처리 인공지능이 상용화되었고, 최신 스마트폰에는 인공지능 칩셋이 탑재되었습니다.

지식은 이제 인터넷에 널려 있습니다. 요즘 미국의 웬만한 대학에서는 인공지능이 조교 역할을 하고 있습니다. 학생들이 공부하다 막히면 인공지능이 어떻게 해야 할지 친절하게 알려줍니다. 교수는 지식의 단순한 전달자가 아니라 학생들의 토론과 협력 활동을 조정하는 컨덕터인 셈입니다. 교수의 역할이 티칭에서 코칭으로 바뀌고 있습니다.

현재 우리나라 대학은 정해진 시간에 정해진 교과서를 가지고 정해진 교수에게 정해진 커리큘럼을 배우는 교육에 머물러 있습니다. 요즘 교육 시장에서 세계적인 화제는 단연 '미네르바스쿨'입니다. 이 대학은 캠퍼스도 없이 학생들을 전 세계 7개국 산업 현장과 기관에서 경험하며 배우게 합니다.

미네르바스쿨의 핵심은 '디지털 트랜스포메이션'입니다. 내가 원하면 언제, 어디서나 접할 수 있는 것, 그것이 바로 제4차 산업혁명 시대에 맞는 프로젝트 수업입니다. 프로젝트 수업에서 가장 중요한 것은 바로 협동심입니다. 그를 통해 이루어지는 것이 바로 '집단지성'입니다.

점수로 학생들을 한 줄로 세우는 시스템으로는 이젠 어림없습니다. 우리나라는 시험점수가 높고 좋은 대학에 갈 학생들만 키웁니다. 정해진 문제를 잘 푸는 사람을 으뜸으로 칩니다. 세상을 바꾸는 위대한 질문을 하는 사람을 키워야 세계를 리드할 수 있는데도 말입니다. 왜 구글, 애플 같은 회사들이 직원을 뽑을 때 대학졸업장이 아닌 그들의 문제해결 능력을 보겠습니까? 그들은 기존 지식을 잘 공부해 대학졸업장 따는 게 필요 없다는 사실을 너무나 잘 알고 있습니다. 요즘 우리나라에서도 서울대학교와 미네르바스쿨을 모두 합격한 뒤에 어디로 갈까를 두고 고민하는 학생들이 나오고 있습니다.

우리는 한 가지 주제에 대한 정답이 반드시 하나가 아닌 세상에서 살고 있습니다. 웬만한 일은 인공지능 로봇으로 대표되는 기계가 인간을 대신하고 있습니다. 기계로 대체 불가능한 일은 거의 눈에 보이지 않습니다.

평생 직업이라는 말도 어느새 옛말이 됐습니다. 요즘 대학을 졸업하는 학생들은 앞으로 평생 동안 예닐곱 가지 직업을 전전하며 살아야 합니다. 누가 낯설고 새로운 직업에 더 잘 적응하느냐가 중요해진 것입니다. 대학이 지금까지 졸업생의 첫 번째 직업을 위한 교육을 했다면, 앞으로는 대여섯 번째 마지막 직업을 가질 수 있는 능력을 키우는 교육을 해야 합니다.

세계 최대 건설장비업체 캐터필러는 2010년대 초반 글로벌 경기침체 속에서도 영업 이익률이 전반적으로 상승 추세였습니다. 동종 업체가 수익성 악화로 구조조정을 단행하는 상황과는 대조적이었는데, 그럴 수 있었던 것은 바로 사물인터넷을 활용한 자체 장비관리 시스템 덕분이었습니다. 장비가 고장나기 전에 노후화한 부품을 미리 교체해주는 사전 맞춤형 서비스로 신규 시장을 창출한 것입니다.

캐터필러가 앞으로 나가고 있을 때, 국내 업체들은 값싸고 튼튼한 제품이라는 점에서 경쟁력을 자신하고 있었지만 결국 이 차이점에서 고전을 면치 못했습니다. 하드웨어(제조업)와 소프트웨어

(사물인터넷 기술)를 융합해 새로운 가치를 창출한 사례였습니다. 물론 요즘은 국내 건설장비업체도 대부분 이런 시스템을 가동하고 있습니다. 그뿐만 아니라 웬만한 다른 업종들도 너도나도 채택하고 있습니다. 이젠 또 다른 융합거리를 찾아야 합니다.

융복합이란 어느 날 갑자기 하늘에서 떨어진 용어가 아닙니다. 음식으로 치면 비빔밥 같은 게 아니겠습니까. 옛날 한식에서 비빔밥은 그다지 각광받는 음식이 아니었습니다. 집에서 남은 음식을 다 모아다가 고추장과 달걀 프라이만 넣으면 비빔밥이 됐으니까요? 그래서 체통 따지는 어른들은 비빔밥을 천하게 여기는 경향도 있었습니다. 하지만 요즘은 어떻습니까. 비빔밥만큼 간단하면서도 오묘한 한식이 있을까요. 항공기 기내식에서 외국인에게 가장 인기 있는 한식은 단연 비빔밥입니다.

그중에서도 전주비빔밥이 백미입니다. 사골국물로 지은 기름기 자르르한 밥에 거꾸로 키워 짧고 통통한 콩나물과 시금치, 미나리, 고사리, 송이버섯, 표고버섯, 팽이버섯, 도라지, 당근, 애호박, 오이, 파, 취나물, 미나리, 깨소금, 숙주나물, 무, 부추, 김, 무 싹 등을 넣고 고명으로 황백지단, 황포묵, 한우고기육회, 오실과(밤, 은행, 대추, 호두, 잣)를 얹습니다. 재료가 무려 30여 가지나 됩니다. 여기에 순창 찹쌀고추장과 참기름을 살짝 쳐서 놋젓가락으로 설렁설렁 헐겁게 비빕니다.

울긋불긋 푸른나물들이 붉은 밥 사이로 툭툭 고개를 쳐듭니다.

화려하고 걸진 맛. 천지만물이 고루 섞여 하나가 된 오묘한 맛. 그 윽하고 황홀합니다. 혀끝에 앵기는가 했더니 금세 쩍쩍 달라붙습니다. 사이사이 푸성귀들의 풋풋한 냄새가 향긋합니다. 맛이 입 안에 가득 찹니다. 맑고 간간한 콩나물국으로 입가심을 하면서 먹어야 맛을 느낄 수 있습니다. 밑반찬도 열무김치, 배추김치, 동치미, 고구마줄기들깨무침, 콩나물잡채, 취나물, 더덕장아찌, 김장아찌, 매실장아찌, 계란탕, 된장찌개 등 헤아릴 수 없습니다.

초등학교 시절, 점심시간에 열어본 도시락은 김칫국물과 반찬으로 범벅이 된 비빔밥이었습니다. 뜀박질로 등교하는 동안 저절로 섞여 꿀맛 비빔밥이 된 것입니다. 저마다 개성을 잃지 않고 하나가 되는 음식. 설움, 고통, 슬픔, 분노를 비벼 웃음 꽃을 피우는 음식. 논두렁에 둘러앉아 볼이 터지도록 밀어 넣던 밥. 밥, 나물, 고추장을 자기 입맛대로 넣어 비비는, 저마다 다르지만 이름은 똑같은 밥. 비빔밥 앞에서는 모두가 평등합니다.

현대는 섞임의 시대입니다. 비빔밥처럼 융합 상생의 세상입니다. "나는 생각한다, 고로 존재한다"가 아니라 "우리는 생각한다, 고로 존재한다"입니다.

세계적인 팝스타 마이클 잭슨(1958~2009)은 왜 그렇게 한국의 비빔밥을 좋아했을까요? 세계적인 비디오작가 백남준(1932~2006)은 말합니다. "비빔밥은 참여 예술이다. 비빔밥 정신이 바로 멀티미디어다. 한국에 비빔밥 정신이 있는 한 멀티미디어시대에 자신감을 가질 수 있다."

우리말에 '대못박이'라는 단어가 있습니다. 대못을 아무리 박아도 뚫지 못하는 옹이 같은 게 바로 그것입니다. 아무리 가르쳐줘도 둔하고 어리석어서 깨닫지 못하는 사람을 일컫는 말입니다. 격동의 제4차 산업혁명 시대, 대못박이로 살아서는 이 세상을 헤쳐나갈 수 없습니다. 성인여세추이聖人與世推移 즉 "성인도 세상과 더불어 눈높이를 맞춰가며 살아간다"고 하지 않습니까? 오늘날 CEO는 바람보다 빨리 눕고, 바람보다 빨리 일어나는 풀처럼 세상의 변화에 가장 민감한 리더가 되어야 합니다. 영화 〈최종병기 활〉에서는 이런 대사가 나옵니다. "바람은 계산하는 것이 아니라 극복하는 것"이라고.

카이스트의 이민화 교수는 제4차 산업혁명을 "현실과 가상이 인간중심으로 융합하는 현상"(2017년 3월 2일, 한국수자원공사 특강)이라고 정의합니다. 과학기술혁명에 이어 경제사회혁명을 거쳐 인문혁명으로 마무리되는 것이 바로 제4차 산업혁명이라는 것입니다. 빅데이터와 클라우드컴퓨팅은 시간을 옮기고, 사물인터넷과 GPS는 공간을 옮기며, 생체인터넷과 SNS는 인간을 옮깁니다. 그리고 그것들은 모두 데이터로 바뀌고 그것을 인공지능이 분석 및 예측하여 사람들에게 최적의 맞춤 서비스를 실시하는 것입니다.

이것을 이민화 교수는 '4단계 O2O 평행모델'이라고 말합니다. 즉 ①사물인터넷(산업인터넷)을 통하여 데이터가 수집되고 ②여기서 발생한 빅데이터가 클라우드에 저장되면 ③인공지능이 빅데이터를 분석하여 현실세계의 예측을 통한 맞춤 서비스를 제공합니다. ④이런 과정을 반복하면서 현실세계의 최적화가 이루어지는 것입니다. 한마디로 그 누구라도 제4차 산업혁명 시대에는 '빅데이터 생성 → 인공지능 활용 → 새로운 가치 창출'의 단계를 밟아갈 수 있다는 이야기입니다. 기업이 이러한 현실과 가상을 융합하는 일에 사활 걸고 있는 이유가 여기에 있다고 할 것입니다.

아무리 컴퓨터가 발달해도 기계는 꿈을 꿀 수 없습니다. 오직 인간만이 꿈을 꿀 수 있습니다. 꿈꾸는 사람만이 컴퓨터를 이길 수 있습니다. 아무 생각 없이 살면 안 됩니다. 가게 앞에서 바람 따라 춤추는 풍선이 되어서는 안 됩니다. 주어진 물을 뿜어내기만 할 뿐, 물 자체를 만들어내지 못하는 광장의 분수가 되지는 말아야 합니다. 마음속을 늘 호기심으로 가득 채워, 그 호기심으로 간절히 꿈을 꾸고, 그 꿈을 굳게 믿고, 나아가 그 꿈을 반드시 실현해야 합니다. 앞으로 우리가 살아갈 무대는 예술과 기술이 하나인 세상입니다. 차디찬 기계에 따뜻한 인간의 감성을 입혀야 살아남을 수 있습니다. 한마디로 예술과 감성은 우리 인간만이 할 수 있는 꿈의 산물인 것입니다.

삶은 '사람'이라는 글자의 줄임말입니다. 삶은 '사람과 사람의 관계'입니다. 그 누구도 혼자서는 이 세상을 살아갈 수 없습니다. 일도 마찬가지입니다. 아무리 힘든 일도 여럿이 뜻을 함께하면 쉽게 이루어집니다.

결국 연결의 밑바탕은 사람입니다. 사람을 어떻게 연결할 것인가에 달려 있습니다. 원활한 융합을 위해서는 서로 다른 분야의 사람들과 활발하게 의견을 나눠야 하고, 데이터를 공유해야 합니다. 이제는 학문에서 문과와 이과의 경계는 무의미합니다. 인문학을 모르는 과학자나, 과학을 모르는 인문학자는 설 자리를 잃고 있습니다. 구글이나 삼성 등 글로벌 기업들이 왜 융합형 인재를 확보하기 위해 온 힘을 쏟고 있는지를 알아야 합니다.

오늘날 융합과학기술의 시대는 상호 간의 긴밀한 교류, 이를 통한 지식과 경험의 공유가 중요합니다. 이를 위해서는 서로를 배려하고 존중하는 마음과 믿음이 바탕이 되어야 합니다. 서로가 긍정적인 자극이 됨으로써 새로운 패러다임의 터닝 포인트가 되어야 합니다.

고용노동부 통계에 따르면 2019년 1월 현재 우리나라 25세 이상 34세 이하 직장인 17만 명이 입사 3년 내에 직장을 등졌다고 합니다. 이 중 약 절반(9만 7,976명) 정도가 개인 사유로 퇴사를 했는데, 그 상당수가 업무가 적성에 맞지 않는다는 이유를 들었습니다. 2018년에 실시된 통계청 경제활동인구 조사에서는 20대가 선호하는 일자리 유형 가운데 적성에 맞는 회사를 찾은 경우는 11.8퍼센트에 그쳤습니다. 30대는 10.9퍼센트였습니다.

고개가 끄덕여집니다. 이들은 이른바 '88만원 세대'라고 불리는 'N포 세대'입니다. 어디든 일단 취직하고 봐야 하는 처지인 것입니다. 당장 먹고살기에 바쁘다 보니 적성 같은 것을 따지는 것 자체가 사치일 것입니다. 그만큼 우리 대한민국 청춘은 지금 그 어느 세대보다도 힘든 처지에 놓여 있습니다. 바늘구멍만큼이나 들어가기 힘든 일자리에서부터 국내외 어려운 정치·사회 환경에 이르기까지, 사방을 둘러봐도 어디 하나 기댈 곳이 없습니다. 그렇지만 장애물은 뛰어넘으라고 있는 것입니다. 결코 걸려 넘어지라고 있는 것이 아닙니다. 삶의 묘미는 닥쳐오는 파도를 멈추게 하는 데 있는 것이 아니라 파도타기로 그 난관을 슬기롭게 극복하는 데 있습니다.

갈수록 혼자서는 아무것도 할 수 없는 세상입니다. 융합이 기술 진보의 동력인 시대는 상상력의 세상이요, 공감과 협력, 융합의 세상입니다. 요즘 과학 분야 노벨상 수상자는 대부분 공동 연구를 한 과학자들입니다. 학문이 넓고 깊어져 독불장군식 연구로는 한계가 있습니다. 기업에서 연구원을 뽑을 때 인간성을 먼저 살피는 것도 바로 그런 이유일 것입니다. 과연 이 친구가 다른 팀원들과 얼마나 잘 협력할 수 있는가를 먼저 보는 것입니다.

조직의 목적과 개인의 목적이 동일한 시스템이 으뜸 조직입니다. 회사의 성장이 곧 자신의 성장이어야 그 회사와 개인이 모두 발전합니다. 억지로 하는 것은 오래가지 못합니다. 자율, 개방, 소통, 집단지성이 바로 지름길입니다. CEO는 중심축을 잡고 흔들리지 말아야 합니다. 이집트에서 피라미드를 지을 땐 반드시 피라미드 한 중심에 타조 깃털을 꽂았다고 합니다. 바로 그곳이 파라오가 죽어서 누울 자리입니다. CEO도 그렇습니다. CEO는 회사의 중심축이 되어야 합니다.

3

소통은
물 흐르듯이

흔히 사람은 꽃보다 아름답다고 합니다. 실제로 그럴 것입니다. 이 세상 모든 인간은 선하게 태어납니다. 하지만 한세상 살다 보면 '악한 꽃'도 적지 않다는 사실을 알게 됩니다. 착하게 태어났는데 왜 악한 꽃이 되어 사람들의 손가락질을 받을까요?

1950년대 세대는 도긴개긴 거의 비슷하게 가난했습니다. 저역시 집안이 찢어지게 형편이 어려웠습니다. 어른, 아이 할 것 없이 새벽부터 부지런히 움직여야 주린 배를 겨우 채울 수 있었습니다. 꼴을 베고, 물을 긷고, 밥이며 빨래를 하고, 마을두레 노역하러 나가고…. 그것뿐입니까? 들판에 일 나간 어른 대신 코흘리개 어린 동생들을 돌보고, 때 되면 가축들 먹이 주고, 산에 가서 땔감하고…. 그러다 보면 하루해가 어떻게 갔는지 순식간에 지나갑니다.

참으로 힘들고 고단한 어린 시절이었습니다. 하지만 돌이켜보면 그런 일들이 제 삶의 단단한 주춧돌이 되었음을 깨닫습니다. 산에서 나무를 하거나 꼴을 가득 베어 저녁 어스름 집으로 돌아갈 때의 편안함과 아늑함, 모깃불을 피워놓고 마당 평상에 온 식구가 둘러앉아 저녁 시래기죽 먹을 때의 고맙고 따뜻한 행복감, 마을 어르신이 어린 것이 참 대견하다며 머리를 쓰다듬어줄 때의 뿌듯함. 이런 것들은 돈으로 살 수 없습니다. 오직 몸으로 느껴야만 알 수 있는 것들입니다.

옛날 어르신 말씀이 하나도 틀린 게 없다는 생각을 합니다. 어린아이에게는 맨 먼저 "쓸고 닦고 어른 심부름을 하는 것"(소세응대掃洗應對)부터 가르치라는 말씀이 바로 그것입니다. 기본적인 것을 모르면 나중에 인생에서 실패하기 쉽다는 뜻일 것입니다. 이것은 옛날 여덟 살 어린이의 도덕 교과서라고 할 수 있는《소학小學》에 나오는 말입니다. "쓸고 닦고 어른 심부름을 하라"는 것을 누가 저에게 특별히 가르쳐준 적은 없습니다. 그렇다고 어린 시절 서당에 다닌 적도 없습니다. 그냥 가난하다 보니 자연스럽게 그렇게 하지 않을 수 없었던 것입니다. 이것은 저에게 큰 축복이었습니다. 비록 남들만큼 제때 배우지는 못했지만, 한편으로는 제 인생에 반석 같은 토대를 만들어주었습니다. 또한 사람을 볼 때 무엇을 가장 중요시해야 하는지를 가르쳐주었습니다.

제가 부지런한 사람을 좋아하는 것도 그런 이유일 것입니다.

저 스스로가 어렸을 때부터 부지런히 쓸고 닦고 심부름을 했기 때문입니다. '명동의 백한 바퀴'라는 별명도 마찬가지입니다. 어릴 때의 그런 습관이 저를 명동에서 가장 발품 많이 파는 사람으로 만든 것입니다. 어떤 이유를 대든 게으른 사람은 본능적으로 싫습니다. 그런 사람들은 말이 화려합니다. 부지런한 사람은 말 대신 행동으로 나섭니다. 실수를 하면 곧 그걸 인정하고 다시 열심히 뜁니다. 하지만 게으른 사람은 잘못을 해놓고도 부끄러워할 줄 모릅니다. 실수를 인정하기는커녕 오히려 뭐 그런 것을 두고 그러느냐며 뻔뻔하기까지 합니다.

저는 1974년 봄, 열여섯 나이로 무작정 상경할 때 처음으로 낯선 세상 사람을 만났습니다. 그 이전까지는 가족이나 마을 이웃사람, 학교 친구가 전부였습니다. 완행열차에서 제 옆자리에 앉은 낯선 형을 참 좋은 사람이라고 생각했습니다. 하지만 그 사람은 제가 한 달여 동안 막노동을 하며 힘들게 번 돈을 가지고 사라졌습니다. 하늘이 무너지고 눈앞이 캄캄했습니다. 어린 소년은 인간에 대한 배신감으로 치를 떨었습니다.

그 후 사법서사 사무소 일을 하면서부터 수많은 사람을 만났습니다. 대부분 일로 만났고, 일이 끝나면 언제 그랬느냐는 듯 서로 담담하게 헤어졌습니다. 저를 잘 대해준 사람도 있었고, 그렇지 않은 사람도 있었습니다. 하지만 저는 그런 일쯤에 일희일비하지 않을 만큼 세상일에 단련되어 있었습니다.

J플라스틱 박 대표를 만난 것은 1981년 스물두 살 때였습니다. 사법서사 사무소 시절이었는데 명동 채권도매상 박영 대표의 소개로 이어진 인연입니다. 그때 그에게서 처음 채권에 대해 배웠습니다. 그런데 어느 날 그가 사업이 부도가 났다며 저에게 급히 2억 원만 마련해달라고 호소했습니다. 그렇게만 해준다면 원금의 3퍼센트를 주겠다는 것입니다. 당시 제 월급은 30만 원이었습니다. 수고료 600만 원은 20개월 월급에 해당하는 큰돈이었습니다. 저는 부랴부랴 그동안 인연을 맺은 고객들을 통해 2억 원을 그에게 마련해주었습니다. 그는 2억 원 중 1억 3천만 원으로 부도 당좌수표를 막았습니다. 그리고 저에게 약속한 수고료 600만 원은 주지 않은 채, 자신의 남은 돈 7천만 원으로 함께 채권 사업을 해보면 어떻겠느냐고 제의했습니다.

　　그렇게 1981년 그와 명동에 사무실을 내고 동업을 시작했습니다. 그는 7천만 원의 자본금을 걸었고 저는 생계비를 걸고 출발한 것입니다. 동업 조건은 제가 매달 기본급 30만 원을 받는 대신 월 4부 이상 이익이 나면 성과금으로 이익의 1할을 받고, 만약 이익이 나지 않으면 한 푼도 월급을 받지 않는 것이었습니다. 저는 총괄책임자로서 석 달 동안 쭉 1할이 넘는 이익을 냈습니다. 그런데도 약속한 성과급은 주지 않고 월급만 5만 원을 올려줬습니다. 그렇게 그와의 동업 관계는 깨졌습니다.

　　당시 명동의 채권 시장에서는 신용 거래가 기본이었습니다. 설령 구두 약속이라도 반드시 지켰고, 모두 이를 당연하게 여겼습니다. 모든 거래가 계약서도 없이 전화 통화로 이루어졌습니다. 그런데 그는 이런 신용 거래의 기본을 여지없이 깨뜨린 것입니다. "내가 아직 빚을 못 갚았으니 인센티브는 나중에 주겠다", "내가 지금 바쁘니 인센티브 문제는 천천히 이야기하자"며 차일피일 미루더니 결국 월급 5만 원을 올려주는 것으로 끝낸 것입니다. 제가 스물셋의 어린 나이라 그 정도만 줘도 충분하리라고 생각했을 것입니다. 하지만 한 살짜리 어린아이와의 약속도 엄연한 약속입니다. 그만큼 약속은 천금 같은 것입니다. 한번 약속을 안 지키기 시작하면 믿음이 깨지고, 믿음이 없으면 함께 사업을 할 수 없습니다.

그를 통해 배운 것도 있습니다. 동업 과정에서 채권 중개상들과 관계를 맺고 또 증권사 법인부장 채권담당자들과 친해지면서 채권 납품 통로를 알게 됐습니다. 그렇게 채권 수집과 채권 납품 쌍방향 루트를 꿰뚫은 것입니다.

그를 소개해준 박영 대표는 인간적으로 저에게 따뜻한 격려도 많이 해주었고, 제가 기반을 잡도록 적잖은 도움을 주었습니다. 그래서 지금도 늘 그분을 고맙게 생각합니다. 박영 대표는 사업에 실패한 뒤 미국으로 건너갔는데 그 후 소식이 끊겼습니다.

1985년 스물일곱 살에 증권회사 법인영업부 변 차장과 동업을 시작했습니다. 두 번째 동업이었습니다. 그가 곤경에 빠졌을 때 제가 2년 동안 도움을 준 것이 가까워진 계기가 됐습니다. 그는 저와 동업을 하면서도 이와 별도로 1989년 한 해 동안 주식투자로 100억 원을 벌었습니다. 제가 이를 보고 솔깃하여 주식투자에 뛰어들자 그때부터 이런저런 이유를 들어 자기 지분을 점차 빼가기 시작했습니다. 당시 주식 시장 상황을 한발 앞서 예측하기도 했거니와, 제가 주식에 과도하게 몰두하자 실패할 것이라고 생각했던 것 같습니다. 결국 그런 과정에서 저와 한판 크게 싸웠고 결국 관계는 깨졌습니다. 하지만 그 이후에는 서로 앙금을 씻고 형제처럼 지냈습니다. 그는 1995년 삼풍백화점 붕괴사고로 눈을 감았습니다. 저는 지금도 해마다 그의 고향인 제주로 성묘를 갑니다.

저의 세 번째 동업자는 증권회사와 투신사에서 근무했던 세 사람입니다. 1997년 제가 서른아홉 살 때 회사채 거래를 하면서 만났습니다. 이들과 자본금 100억 원을 조성하여 창업투자회사(벤처캐피탈회사)인 (주)세종기술투자를 설립했습니다. 지분은 홍승캐피탈 30퍼센트, 김형진 40퍼센트, 세 사람이 각각 20, 5, 5퍼센트로, 이때 '세종'이라는 이름을 처음 사용했습니다. 1998년 4월 말까지 128억 원의 당기순이익을 냈을 정도로 잘나갔습니다. 하지만 제가 동아증권을 인수하려고 하자 이들은 강력히 반대했고, 제가 뜻을 굽히지 않자 세종기술투자 지분을 완전 청산하고 대표이사와 이사직도 물러나면서 완전히 손을 뗐습니다. 사업 판단에 대한 이견으로 관계가 깨진 것입니다.

동업은 참으로 어렵습니다. 서로 간의 믿음도 있어야 하지만,

뜻도 맞아야 하고 앞으로 나가고자 하는 길도 잘 맞아야 합니다. 시작할 땐 동업자 간에 서로 믿음도 굳건하고 뜻도 잘 맞는 것처럼 느껴집니다. 점점 시간이 흐르다 보면 그게 아니라는 것이 느껴지고 틈새가 생기기 마련입니다. 그게 사람 사는 세상의 이치입니다.

1993년 서른다섯 살 때 당시 H증권 채권 파트에서 근무하던 정진욱 과장을 만났습니다. 저는 그때 전환사채에 한창 몰두하고 있었습니다. 정 과장은 제가 100억 원 규모의 현대정공 전환사채를 H증권사로부터 분배받는 데 많은 도움을 주었습니다. 그 이후 우리는 의기투합했고 꽤 오랫동안 한배를 탔습니다.

1995년 서른일곱 살 땐 모 증권회사 채권 부서에서 일하던 홍기옥 부장과 끈끈한 인연을 맺었습니다. 그리고 2017년 말까지 동지 이상으로 함께 일을 해왔습니다. 그는 2008년 11월 세종증권 인수와 관련된 혐의로 저와 함께 옥고를 치르기도 했습니다. 늘 미안하고 고마운 마음뿐입니다. 저를 만나지 않았더라면 그가 그런 고초는 겪지 않았을 것입니다.

살다 보니 세상에서 가장 어렵고 힘든 일이 사람에 관한 일입니다. 사람 알기가 가장 어렵습니다. 오죽하면 공자님 같은 성인도 실수를 했겠습니까. 공자님은 담대멸명澹臺滅明이라는 사람을 처음 보고, 그 추한 외모에 별다른 인품이 없을 것으로 판단했습니다. 하지만 그는 공적인 일이 아니면 절대 권력자를 만나지 않았고 그 밖의 웬만한 유혹에도 꿈쩍도 하지 않는 인물이었습니다. 그때서야 공자는 외모만 보고 사람을 평가하면 실수하게 된다며 자신의 잘못을 인정했습니다.

《삼국지》의 유비·관우·장비의 도원결의는 남자들의 로망입니다. 그들의 믿음과 우애는 참으로 부럽습니다. 문제는 그런 도원결의 같은 것은 이 세상에 없다는 것입니다. 더구나 하루하루가 전쟁터 같은 자본주의 시장에서는 더 말할 나위가 없습니다.

사실 유비·관우·장비의 우애라는 것도 자세히 보면 그들끼리의 의리에 불과했습니다. 그들끼리는 굳게 믿고 사랑했지만, 그들 이외에는 아무도 믿지 않았습니다. 유비는 신중하고 침착했고 백성을 덕으로 이끌었습니다. 온갖 치욕과 핍박을 견디며 후일을 도모했습니다. 하지만 그런 그도 관우와 장비가 죽자 평상심을 잃었습니다. 제갈공명의 말도 듣지 않았습니다. 그러다가 무모하게 오나라를 공격하다가 크게 패하고 죽음을 맞았습니다. 관우는 한마디로 왕자병 환자였습니다. 강직하고 의리가 강했지만 자긍심이 지나쳐 오만하고 남을 믿지 않았습니다. 그는 부하들의 말을 듣지 않고 오나라 육손의 계략에 빠져 죽었습니다. 장비는 펄펄 끓는 핏대였습니다. 화가 나면 술을 들이붓거나 부하들을 개 패듯이 때렸습니다. 그러면서 스스로를 천하의 호걸이라고 생각했습니다. 결국 그도 부하의 손에 죽임을 당했습니다.

유비·관우·장비는 시골 건달들의 의리로 뭉쳐 천하를 세 개로 분리 정립하는 데까지는 성공했으나 딱 거기까지가 한계였습니다. CEO나 한 국가의 리더로서는 부족한 점이 많았던 것입니다.

저는 살아오면서 수많은 사람을 만났습니다. 꽃보다 아름다운 사람도 만났고 악한 꽃도 만나봤습니다. 곰곰이 돌이켜보면 인간관계를 잘 관리해왔다고 할 수는 없습니다. 저로 인해 관계가 깨진 경우도 있고 타인에 의해 깨진 경우도 있습니다.

사랑도 좋고 우애도 좋습니다. 의리도 아름답습니다. 사나이들의 의리는 눈물까지 납니다. 하지만 의리는 의리로 남아야 합니다. 의리가 인간관계를 너무 구속하다 보면 유비·관우·장비의 도원결의 삼형제가 됩니다. 끼리끼리 사랑과 우애가 들꽃처럼 피어나다 보면, 반드시 담장 밑에서 누군가 울고 있는 사람이 있기 마련입니다. 그저 담담한 게 으뜸입니다. 담담하게 보고, 담담하게 관계를 유지하고, 담담하게 헤어지는 게 인간관계의 도리라고 생각합니다.

4

용장과 덕장의
차이

유비·관우·장비 외에도 《삼국지》에는 영웅호걸이 많이 등장합니다. 그래서 언제 읽어도 새롭고 재미있습니다. 어릴 적부터 지금까지 수없이 읽었는데도 읽을 때마다 그 느낌과 감회가 색다릅니다. 젊은 시절에는 유비현덕과 그 형제들인 관우와 장비가 단연 우상이었습니다. 서로 피 한 방울 섞이지 않았는데도 어찌 그리 우애가 살갑고 뜨거운지, 과연 저라면 그럴 수 있을까요?

하지만 점점 나이가 들면서 조조의 탁월한 현실감각과 판단력 그리고 인재를 끌어모으는 재능에 감탄하게 됩니다. 오나라 손권도 있지만, 그는 나라를 세운 창업형 인물이 아니라, 그의 아버지와 형 손책으로부터 국가를 이어받은 수성형 인물입니다. 인화를 중시하고 아랫사람을 믿고 다독여 물려받은 나라를 잘 보전하고 키웠지만, 인간적 매력은 조조나 유비에 비하여 덜합니다.

사실 그 시대 중국은 말로만 세 나라로 나뉘었지, 실제로는 조조의 위나라가 가운데 대부분을 차지하고 변방에 오나라와 촉나라가 겨우 부지하고 있는 형국이었습니다. 당시 중국 14개 주 중에서 위나라가 10개 주, 오나라가 3개 주, 촉나라가 1개 주를 차지했던 것만 봐도 알 수 있습니다. 인구 수로 따져봐도 위나라가 약 65만 호에 440만 명, 오나라가 50만 호에 230만 명, 촉나라가 30만 호에 95만 명이라는 기록이 있습니다. 오나라와 촉나라를 모두 합한다고 해도 영토나 인구에서 위나라에 미치지 못했습니다.

유비는 맨주먹으로 시작하여 천하의 3분의 1을 차지했습니다. 20대에 시골 협객으로 처음 군사를 일으켰지만, 40대 후반까지 변변한 근거지도 없이 천하를 떠돌았습니다. 조조가 비록 환관의 후예였지만 비교적 재산이 많았고, 아버지의 든든한 '빽'에 힘입은 바 크다면, 유비는 말이 황족이지 가진 것은 아무것도 없었습니다. 그런 면에서 유비는 무에서 유를 창조한 진정한 창업자인지도 모르겠습니다. 흔히 조조는 천시天時를, 손권은 지리地利를, 유비는 인화人和를 얻었다고 합니다. 저는 천하통일의 실패 여부를 떠나 유비현덕의 인화에 유난히 마음이 끌립니다.

유비는 참으로 알다가도 모를 사람입니다. 그는 손을 아래로 내리면 무릎까지 닿고, 키가 180센티미터를 넘는, 당시로서는 상당한 거구였습니다. 언뜻 보면 특별히 잘난 게 없는 듯합니다. 때론 답답하기 짝이 없고, 심지어 바보 같다는 생각이 들 정도입니다. 제갈공명이 아무리 좋은 계책을 내놓아도 인간의 도리상 차마 그럴 수 없다며 고개를 흔든 게 한두 번이 아닙니다. 그런데도 가만히 뒤돌아 생각하면, 입가에 미소를 감돌게 하는 묘한 인간적 매력이 있습니다. 아마 그래서 천하의 제갈공명이나 방통, 조자룡 등 숱한 인재가 한번 그를 따른 뒤로는 결코 그의 곁을 떠나지 않았을 것입니다.

유비에게는 꿈과 원칙이 있었습니다. 의리와 겸손 그리고 따뜻한 인정이 사람들의 마음을 움직였습니다. 그는 사람을 대할 때도 언제나 정성을 다했습니다. 아랫사람도 사심 없이 진정성으로 대했습니다. 지극한 정성으로 초야의 제갈공명을 모셔온 삼고초려가 바로 그 좋은 예입니다. 당시 공명이 살고 있던 융중은 유비가 자리 잡고 있던 신야성에서 200리 거리입니다. 그 80킬로미터나 되는 먼 길을 갔다가 가을에 헛걸음으로 돌아왔고, 곧이어 한겨울 눈보라를 뚫고 갔다가 허탕을 치고, 또 봄에 다시 찾아갑니다. 유비(161~223)와 제갈공명(181~234)은 정확히 스무 살 차이입니다. 제갈공명이 스물일곱이고 유비는 마흔일곱으로 관우와 장비가 "새파랗게 어린놈이 감히 우리 형님을 세 번씩이나 찾게 했다"며 불같이 화를 낼 만도 합니다.

유비는 한번 인연을 맺은 사람과는 변함없이 끝까지 함께 갔습니다. 또한 그런 가운데서도 자신이 옳다고 생각하는 바른 길을 가고자 무진 애를 썼습니다. 그 혼란이 극에 달했던 난세에 절체절명의 위기에도 흔들리지 않았습니다. 남들이 보기에는 참으로 어리석고 답답했을 것입니다. 그래도 그는 우직하게 앞만 보고 황소처럼 뚜벅뚜벅 걸어갔습니다.

저도 사업을 하면서 사람들과 많은 인연을 맺었습니다. 그분들 중에는 오랫동안 한뜻 한마음으로 같은 길을 걸어온 분들이 있습니다. 홍기옥(1949~) 전 세종투자 부회장이나 박덕준 전 홍승기업(1944~) 대표이사 같은 분들은 저에게 관우와 같았습니다. 그분들이 제 곁에 있는 것만으로도 든든했고, 힘들 때마다 듬직한 울타리가 되어주셨습니다. 세종의 제갈공명은 치밀하고 거시적인 안목을 지닌 분입니다. 다른 사람이 미처 깨닫지 못한 것을 일목요연하게 차근차근 설명해줍니다. 장비 역할을 하는 분도 있습니다. 영업 현장에서 이리 뛰고 저리 뛰며, 물불 가리지 않고 현장에서 온몸으로 부딪칩니다. 현장에 답이 있다는 게 그의 지론입니다. 세종의 조자룡은 영업뿐만 아니라 살림에도 빼어납니다. 문무를 겸비한 조자룡과 닮은꼴입니다. 이런 분들과 함께 일을 한다는 것은 참으로 행운입니다. 결국 기업은 사람입니다. 그리고 동행입니다.

조조는 현실 인식이 냉정합니다. 천하 정세의 흐름을 정확하게 꿰뚫고, 그에 따라 전광석화처럼 판단을 내립니다. 감정에 치우치거나 의리, 인정 따위에 얽매이지 않습니다. 싸울 때와 물러날 때를 조조만큼 잘 아는 사람은 없었습니다. 현실에 입각하여 냉철하게 판단하고 과감하게 행동하는 것입니다. 임기응변과 결단력 그리고 기상천외한 발상력이 탁월했다고 할 수 있습니다.

그래서 조조를 두고 '난세의 간웅'이라고 했을 것입니다. 그는 한눈에 사태를 단순화하여 단숨에 그 본질을 파악해버립니다. 그리고 조금도 망설이지 않고 번개처럼 행동에 옮깁니다. 현대그룹 창업자 정주영 회장의 직관력과 크게 다르지 않습니다. 정주영 회장은 자동차 전문가들이 현대차에 대해 이런저런 문제점을 지적하자, 한참 듣고 있더니 다음과 같이 결론을 내렸다고 합니다. "자동차라는 게 엔진에 양철통 올려놓고 바퀴와 핸들을 단 것이 아닌가. 그러니 껍데기를 잘 만들어야 잘 팔리지."

조조는 항상 적극적입니다. 에너지가 넘칩니다. 명분보다는 실질적입니다. 사람 보는 눈이 뛰어났고, 사람을 적재적소에 기가 막히게 잘 썼습니다. 좋은 인재라면 아군이고 적군이고 산적이고 황건적이고 그들의 과거를 묻지 않고 중용했습니다. 심지어 "형수하고 관계를 가졌거나 뇌물을 받아먹었어도 괜찮으니 누구든 능력만 있으면 무조건 데려오라"고 명하기도 했습니다. 가령 유비의 아우 관우를 데려오기 위해 조조가 자존심도 버리고 적토마를 주는 등 온갖 정성을 다한 것은 천하가 다 아는 사실입니다. 오늘날 내로라하는 세계적인 기업의 외부 수혈도 조조만큼은 관대하고 대담하지는 않을 것입니다.

창얼의 《사무실 삼국지》(럭스미디어, 2006)에 보면 조조가 사람을 다루는 법을 이렇게 풀어놓았습니다.

> 원소는 조조를 공격할 때 뛰어난 문장력을 가진 진림에게 세 편의
> 격문을 쓰게 했다. 진림은 격문을 통해 조조뿐만 아니라 조조의 아
> 버지, 할아버지까지 욕하였고 조조는 이에 크게 분노했다. 그래서
> 얼마 후 조조가 원소를 쓰러뜨리고 진림을 붙잡자 사람들은 진림
> 이 틀림없이 죽을 거라고 여겼다. 그러나 조조는 그를 죽이기는커
> 녕 그의 재능을 높이 평가하여 중책을 맡겼다. 진림은 조조의 관대
> 한 처사에 크게 감격하여 조조에게 충성을 바쳤다.

소설 《삼국지》의 주인공은 제갈공명인지도 모릅니다. 신출귀
몰한 꾀와 정치력, 행정력, 외교력은 물론 천문 지리 지식까지 거의
완벽에 가깝습니다. 신의 경지라고 해도 과언이 아닐 정도입니다.
하지만 실제 제갈공명의 능력은 전장에서보다는 한 국가의 이인자
로서 정치 외교력이나 행정 능력이 더 빼어났다는 게 전문가들의
대체적인 결론입니다. 그리고 그의 흠이라면 바로 완벽주의 그 자
체에 있었다고 지적합니다.

위쉐빈은 《삼국지, 인간을 말하다》(뿌리깊은나무, 2006)에서 제
갈량을 조금 더 심도 있게 분석합니다.

위쉐빈이 보기에 제갈량은 미친 사람이었습니다. 일의 중량,
중요도를 따지지 않고 뭐든 혼자 처리했다고 합니다. 이유가 무엇

이었을까요? 그는 사람을 믿지 않았습니다. "내가 그것을 모르는 것이 아니다. 다만 선주께서 아드님을 내게 맡기시어 중한 소임을 받은 터이라 다른 사람이 나만큼 전심전력을 다하지 않을까 걱정하기 때문이다." 스스로 이렇게 생각하니, 믿을 사람은 오직 자신뿐이었습니다.

역사상 '지지 않는 리더십'의 전형은 바로 제갈공명일 것입니다. 제갈공명이 이끄는 촉나라 국력은 잘해봐야 조조가 이끄는 위나라의 6분의 1에 지나지 않았습니다. 인재도 위나라에 비교가 되지 않았습니다. 그래서 촉은 항상 손권의 오나라와 연합할 수밖에 없었습니다. 그러나 두 나라를 합한다고 해도 국력은 위에 미치지 못했습니다. 더구나 오나라는 언제 등을 돌릴지 몰랐습니다.

촉의 최선은 싸우지 않고 이기는 것이었습니다. 그러나 그건 현실적으로 거의 불가능했습니다. 그렇다고 가만히 있으면 위나라나 오나라와의 국력 싸움에서 언젠가는 지게 되어 있습니다. 싸우지 않고 싶지만 싸우지 않을 수 없는 상황. 제갈공명은 어떻게 했을까요? 그는 당연히 불패를 지향했습니다. 촉과 같은 작은 나라는 한번 싸우다가 지기라도 하는 날이면 그대로 나라가 망합니다.

제갈공명은 돌다리도 두들겨보고 또 두들겨보고 작전을 세웠습니다. 완벽한 전략만을 세웠습니다. 절대 무리한 전략은 세우지 않았습니다. 그래서 제갈공명의 전쟁은 시원하거나 화끈한 경우가 별로 없습니다. 몇 번 위나라를 공략하러 나갔다가 닭싸움하듯 서

너 번 전투를 벌인 뒤 갑자기 철수하는 식입니다. 위나라의 사마중달은 제갈공명의 한계를 너무나 잘 알고 있었습니다. 그는 촉의 군대가 아무리 조롱하고 싸움을 걸어와도 절대로 성 밖으로 나오지 않고 지키기만 했습니다. 시간은 자신의 편인데 굳이 맞서서 싸울 이유가 전혀 없었던 것입니다.

제갈공명은 생전에 전쟁에서 이기지는 못했지만 그렇다고 지지도 않았습니다. 곡예사가 줄을 타듯, 거대한 위나라와 또 촉나라보다 훨씬 강한 오나라와의 사이에서 아슬아슬하게 살아남기에 성공한 것입니다. 얼마나 애간장이 탔겠습니까. 그 완벽주의 성격에 잠 못 이루는 밤이 얼마나 많았겠습니까. 누군가에게 뭔가를 맡기고 싶어도, 섣불리 맡겼다가 일이라도 잘못되면 곧 나라의 운명과 직결된다고 생각했기에 그러지는 못했을 것입니다. 그러니 몸은 갈수록 수척해지고, 끝내는 병에 걸려 눈을 감게 되었을 것입니다. 다시《사무실 삼국지》로 돌아가 제갈량의 완벽주의 성향을 살펴보겠습니다.

제갈량은 똑똑한 사람이었기에 역할 분담의 중요성을 잘 알고 있었다. 하지만 그는 다른 사람은 자기만큼 잘 해내지 못할 거라며 못 미더워했다. '영리함이 오히려 해가 된다'는 말은 바로 제갈량을 두고 하는 말이다. 제갈량은 다른 사람에게 일을 맡기려 하지 않았다. 설사 일을 맡겼더라도 안심하지 못했을 것이다. 부지런하고 성실한 리더는 칭찬할 만하다. 하지만 리더가 자질구레한 일을 처리하느라 하루 종일 바쁘다면 부하들은 너무 한가하다 못해 자신들의 발전 기회마저 빼앗는 리더를 원망하게 될 것이다. 리더라면 부하를 믿고 그에게 재능을 펼칠 수 있는 기회를 줘야 한다. 때로는 부하가 실수를 저지를 수도 있다. 다른 사람에게 일을 맡기면 자신이 하는 것보다 속도가 느리고 결과도 마음에 들지 않을 수 있다. 하지만 그래도 목적은 달성된다. 제갈량이 리더로서 한창 능력을 펼쳐야 할 54세에 죽은 이유가 무엇인지 곰곰이 생각해보라.

세상에 완벽한 리더는 없습니다. 누구나 장단점이 있기 마련입니다. 도대체 리더십이라는 게 뭔가요. 구성원들로 하여금 스스로 자신이 가지고 있는 능력을 최대한 발휘하도록 만드는 것이라고 생각합니다. 어느 리더는 조조처럼 선두에 서서 강하게 이끌고, 어느 리더는 유비처럼 부드럽게 사람들의 마음을 어루만지면서 이끕니다. 어느 리더는 제갈공명처럼 한 치의 오차도 없이 치밀한 계획에 따라 이루어나갑니다.

사람들은 말합니다. 조직 장악에는 강한 리더가 필요하고, 강한 리더는 카리스마가 있어야 한다고 말입니다. 과연 그러할까요? 꼭 카리스마가 있어야만 구성원을 장악할 수 있을까요? 저는 사실 '장악'이라는 말 자체를 싫어합니다. 그것보다는 '교감'이라는 말이 더 좋습니다. 구성원들과 마음이 통하면 무엇인들 하지 못하겠습니까. 물론 상호 교감에 카리스마가 필요할 때도 있을 것입니다. 그렇다고 반드시 카리스마가 있어야 하는 것도 아닐 것입니다. 그것은 있든 없든 큰 문제가 되지 않습니다.

리더는 용장, 맹장, 덕장, 지장 등 여러 유형이 있습니다. 스포츠 감독으로 따지면 프로야구의 김인식 감독처럼 한없이 부드러운 사람이 있는가 하면, 김응용 감독처럼 무뚝뚝하고 무서운 사람도 있습니다. 물론 통계 야구를 지향하는 김성근 감독처럼 치밀한 유형도 있습니다. 축구의 히딩크 감독처럼 카리스마 넘치는 심리전의 달인도 있고, 여자배구팀 김철용 감독처럼 독사 훈련으로 이름난 유형도 있습니다. 정답은 없을 것입니다. 어떤 식이든 구성원들에게 비전을 제시하고, 그들의 잠재력을 최대한 이끌어내면 됩니다. 저는 어떤 유형일까요?

글쎄요. 곰곰이 생각해봐도 저와 딱 맞아떨어지는 유형은 없는 것 같습니다. 굳이 대입해본다면 '김인식＋김응용＋김성근' 세 분의 장단점 모두를 조금씩 가지고 있는 게 아닌가 하는 생각도 듭니다. 다만 김철용 감독의 독사 유형이나 히딩크 감독의 카리스마 유형은 저와는 거리가 좀 먼 것 같습니다. 카리스마란 원래 그리스어에서 유래된 말로 '신의 은총', '신이 준 재능'이라는 뜻입니다. 그렇다면 카리스마는 어머니 배 속에서부터 가지고 태어나는 것일까요? 전 그렇게 생각하지 않습니다. 카리스마란 원래부터 보유하고 있는 것이 아니라, 다른 사람들로부터 부여받는 것이라고 생각합니다. 개인과 개인, 개인과 집단 간 상호작용의 산물입니다. 로빈슨 크루소가 제 아무리 카리스마가 있다 한들 무인도에서 무슨 소용이 있겠습니까.

흔히 조조 같은 리더를 카리스마형 리더라고 합니다. 카리스마형 리더는 사람들에게 용기를 불러일으키고, 그들로부터 잠재력을 잘 이끌어냅니다. 마틴 루터 킹 같은 종교지도자나 성공한 세일즈맨을 보면 대부분 극도로 카리스마적입니다. 그들은 논리적이기보다는 감수성이 뛰어나고 달변가들입니다. 이성적인 왼쪽 뇌보다는 감성적인 오른쪽 뇌가 더 뛰어납니다. 의사전달 능력이 좋아 사람들을 순식간에 자기 사람으로 만들어버립니다. 그래서 '카리스마'라는 단어에는 열정, 확신, 명령, 추종, 희망, 감동, 지도력, 매력 등의 이미지가 떠오릅니다.

윈스턴 처칠, 아돌프 히틀러, 마이클 조던, 거스 히딩크, 홍명보, 허재와 같은 이들은 사람들을 이끌어 목표를 달성시키는 신비한 힘을 가지고 있습니다. 그들은 다른 사람에게 비전(꿈)을 주고 뭔가 기대감을 불러일으킵니다. 자연스럽게 목숨까지 바치겠다는 맹목적인 추종자들이 생깁니다.

그렇다고 카리스마형 리더가 꼭 좋은 것만은 아닙니다. 한 사람에게 카리스마이지만 다른 사람에게는 전혀 그렇지 않을 수도 있습니다. 1930년대 독일의 경제공황은 히틀러라는 카리스마형 인간을 낳았습니다. 당시 독일인들은 히틀러가 자신들을 구원해줄

메시아라고 생각했습니다. 제2차 세계대전 때 영국인들도 처칠이 전쟁을 승리로 이끌 것이라고 믿었습니다. 똑같은 카리스마형 리더이지만 상황에 따라 정반대의 결과를 낳은 것입니다.

카리스마형 리더는 흔들리지 않습니다. 한번 방향을 잡으면 누가 뭐라 하든 개의치 않고 무소의 뿔처럼 홀로 갑니다. 결국 자신의 노선을 따르지 않는 사람은 비정하게 내리칩니다. 성공하면 대박이지만 실패하면 쪽박입니다. 난세에는 조조 같은 카리스마 리더가 필요하지만, 정상적인 상황이라면 유비 같은 온화하고 너그러운 인물이 필요합니다. 영국의 축구 칼럼니스트 랍 휴스는 히딩크의 스타일을 다음과 같이 분석합니다.

2001년 히딩크 당시 감독과 피지컬 트레이너가 한국 선수들을 훈련시키는 장면을 지켜본 적이 있다. 히딩크는 최전선에 투입될 군인들을 조련하듯 선수들을 몰아붙였다. 그는 "선수들을 육체적으로나 정신적으로 강하게 만들어야 한다"면서 "그렇지 않으면 결코 월드컵에서 유럽이나 남미 선수들을 대적할 수 없다"라고 말했다. 그 말을 들은 나는 "당신은 인간의 본성을 바꾸려고 한다. 선수들의 경기 방식과 삶의 스타일, 본능까지 바꾸는 것은 정말 위험한 생각"이라고 말했다.

그렇습니다. 카리스마형 감독은 대체로 독단적이고 주입식입니다. 자신의 틀에 구성원들을 짜맞춥니다. 자칫 선수들을 로봇으로 만들 수도 있습니다. 한 번은 몰라도 그다음부터 선수들은 갈등을 느끼기 쉽습니다. 스포츠든 기업이든 리더와 구성원이 한마음이 되지 못하면 그 팀은 결코 승리할 수 없습니다. 리더는 구성원들의 마음을 낚아야 하고, 구성원들은 리더의 뜻을 읽어야 합니다. 그게 안 되면 팀워크가 와르르 무너지기 마련입니다.

경기는 그라운드에서 펼쳐지지만 결국은 사람 관리로 귀착됩니다. 사람 관리가 잘되면 자연히 선수들은 펄펄 날게 되어 있습니다. 사람 관리가 안 되면 최고 선수들만 모아놓아도 패배를 피할 수 없습니다. 결국 팀워크가 문제입니다.

한국 축구가 2002년 한일월드컵에서 4강에 들었지만 그 당시 구성원들을 하나하나 따로 떼어놓고 보면 세계무대에서 거의 무명이나 마찬가지입니다. 그래서 세계에서 가장 잘하는 축구스타 열한 명을 모아놓아도 그 팀이 반드시 월드컵에서 우승하리라는 보장이 없는 것입니다. 세계 최고의 명문 구단인 스페인의 레알 마드리드나 잉글랜드의 맨체스터 유나이티드가 가끔 죽을 쑤는 것도 바로 같은 이치입니다.

기업의 CEO나 프로 스포츠 감독은 똑같습니다. 덕장, 지장 또는 용장, 맹장 그 어느 유형이든 지면 졸장, 이기면 명장입니다. 이것이 바로 세상의 법칙입니다. 기업은 어찌됐든 살아남아야 하고, CEO는 구성원들과 그 가족들을 책임져야 합니다. 전장에서 유능한 장수를 만난 병사는 목숨을 건질 수 있지만, 무능한 장수를 만난 병사는 목숨을 잃기 십상입니다. 결국 참다운 리더십은 저절로 우러나와야 합니다. 먼저 자기 자신의 몸과 마음부터 닦아야 합니다(수기치인 修己治人). 그 후에야 비로소 CEO와 구성원들은 마음이 서로 물 흐르듯이 통할 것입니다. 또한 '최대 다수의 최대 행복'을 이끌어내는 '공리주의'의 실천으로 경영에 책임을 져야 합니다.

5

서른 세종의
날개

세종의 미래와 비전

|

이익보다 더 중요한 것이 있습니다.
기업문화, 조직문화가 바로 그것입니다.
경쟁자가 모방하기 가장 어려운 것이 바로 '소프트 파워'입니다.
그것은 돈으로도 수치로도 환산할 수 없습니다.

1

통신업으로의
도약

앞으로 어떤 세상이 펼쳐질까요? 생각만 해도 궁금하고 흥미롭습니다. 분명한 것은 그 세상이 지금 제가 사는 세상과는 전혀 다른 놀라운 신세계일 것이라는 것입니다. 어쩌면 《호모 사피엔스》를 쓴 유발 하라리의 말처럼 기계와 인간이 공존하는 새로운 인류가 등장할지도 모릅니다.

문제는 그런 세상이 바로 코앞에 다가왔다는 것입니다. 미국의 저명한 미래학자 레이 커즈와일은 "기하급수적으로 발전할 정보처리 능력으로 2045년을 전후해 인류 역사에 획기적인 순간이 올 것"이라고 말합니다. 2045년이라면 앞으로 26년밖에 남지 않았습니다. 20세기의 법칙이나 규범이 통하지 않는다는 것입니다. 권력이나 정치·경제 시스템, 나아가 가치관, 가족, 사회체제 등 20세기 패러다임이 속속 바뀌어야 함을 뜻합니다.

멀리 갈 것도 없습니다. 2025년이 되면 인간의 두뇌는 1천 달러에 시뮬레이션되고, 80억 명의 소비자가 연결됩니다. 엘론 머스크는 우리를 화성으로 데려간다고 큰소리치고 있습니다.

지난 100년은 미국의 시대였지만, 다음 100년은 어느 나라가 주도할지 어느 누구도 알지 못합니다. 자본주의니 자유주의니 그동안 인류가 가꿔왔던 시스템이 더 이상 통하지 않을지도 모릅니다. 이미 모든 분야에서 질서가 재편되고 새로운 규범이 나타나고 있습니다. 하루빨리 미래 가치와 상충하는 문제들을 해결하는 것이 발등의 불입니다. 저는 2017년 8월 8일 〈봉황망코리아〉와의 인터뷰에서 이런 말을 한 적이 있습니다.

통신 산업 전체를 우리는 ICT 산업이라고 보죠. 또 ICT 산업 즉 인포메이션Information, 커뮤니케이션Communication, 테크놀로지Technology, 이런 것들로 하여금 좀 더 통신을 적극적으로 활용하는 것이 IOT 산업, 사물인터넷 쪽인데, 이제 인간이 만들어낸 사물이 신이 만들어낸 생명체와 비슷한 역할을 한다고 봅니다.

하느님이 우주 세계를 창조했다면, 하느님이 만들어놓은 많은 생명체들이 지금의 인간이 만들어낸 사물을 생명체로 바꾸는, 그러한 작업을 지금은 통신 산업이 주도하고 있다고 생각합니다. 물론 통신 산업이 네트워크를 통해서 전 세계의 모든 사람과 사람, 사물과 사람을 연결함으로써 일어나는 현상이고, 거기에 따라서는 센서라든가 반도체라든가 AP라든가 CPU라든가 이런 것들이 발달되고 있지요.

이제는 딥러닝을 통해 지능을 개발할 수 있는 인공지능 기술이 발달함으로써 사람과 같은 지능을 갖춘 생명체를 만드는 작업과 유전자(게놈 지도) 분석을 통한 인간의 생명 연장과 함께 사람과 물질의 생명체를 조작할 수 있는 연구가 본격적으로 시작되고 있는데, 그게 바로 4차 산업혁명이 아닌가 생각합니다.

2007년 6월 30일 저는 통신회사 EPN를 인수했습니다. 언론에서는 금융전문가가 IT CEO로 변신했다며 약간 고개를 갸웃하는 뉘앙스로 보도했습니다. 전혀 뜻밖이라는 이야기일 것입니다. 업계에서는 "미쳤다", "김형진이 주판알을 잘못 굴렸다", "금융 쪽에서만 일하던 사람이 통신회사를 인수해서 망하려고 한다", "통신사업은 대기업이나 하는 것인데 감히 그 일을 어떻게 하겠다는 것인지 모르겠다"며 수군댔습니다.

그러거나 말거나 저는 자신이 있었습니다. 솔직히 오기랄까 그런 것도 불끈 치솟아 올랐습니다. 금융 쪽에서 잃은 명예를 반드시 회복하겠다는 의지 같은 것 말입니다. 모두 안 된다는 일에서 성공하여, 보란 듯이 인정받는 기업가로 거듭 태어나보겠다는 인간적 욕망도 작용했던 것입니다.

막상 EPN을 인수하고 경영 실태를 평가해보니 상황이 썩 좋지 않았습니다. 2007년 예상 매출액은 660억 원으로 최고 매출액을 기록했던 2003년 930억 원보다 30퍼센트가량이 줄어든 상황이었습니다. 게다가 한동안 주인 없이 법정관리로 운영되면서 투자도 거의 되지 않아 사업 구조가 매우 취약했습니다. 한두 해 안에 흑자로 전환하는 것은 전혀 기대할 수가 없었습니다.

당시 담당 본부장의 경영 실태 보고만 봐도 상황이 얼마나 심각했는지 알 수 있습니다.

> 법정관리 3년 동안 EPN은 살았으되 숨만 쉬고 있었다. 주요 고객이던 KT, SKT, LGT 중에서 거래 관계를 유지한 회사는 KT밖에 없었다. 전용회선 서비스 사업의 가장 중요한 고객을 잃고도 이를 회복하기 위해 그 어떤 노력도 하지 않고 있었다. 이미 시장에서 신뢰는 무너지고 경쟁업체의 견제를 견디지 못하는 약체 회사로 전락해 있었다.

인수와 함께 시작된 체질 개선은 2008년 상반기까지 이어졌고, 그에 따른 전체 조직 정비도 그해 말에 완료되었습니다. 그러는 동안 수백억 원의 자금이 투자됐고, 점점 이익을 낼 수 있다는 자신감이 생기기 시작했습니다. 직원들의 얼굴에도 생기가 돌았습니다.

세종텔레콤 수익의 원천은 전적으로 외부 영업에 달려 있었습니다. 영업 조직이 살아나야 회사도 사는 구조입니다. 새로 조직된 영업팀은 법정관리가 시작되면서 끊겼던 SKT와의 거래 재개에 혼신의 힘을 기울였습니다. 하지만 한번 잃어버린 신뢰를 회복한다는 것은 그리 쉽지 않았습니다. 처음에는 만나주지도 않았고, 그 기회조차 가질 수 없었습니다. 그저 우리가 가진 것은 진정성과 정성밖에 없었습니다. 그렇게 지극정성의 노력 끝에 인수 3개월 만인 2007년 10월 SKT로부터 10억 원대의 전용회선 서비스 계약을 수주했습니다.

전 임직원이 영업사원이라는 마음으로 뛰었습니다. 세종텔레콤 모두가 영업사원인 것입니다. 영업 현장에서 가장 뼈아팠던 것은 "법정관리 아래 있었던 너희 회사를 어떻게 믿느냐"는 말이었습니다. 땅에 떨어진 신뢰를 다시 끌어올리기가 죽을 만큼 힘들었습니다. 작은 것들은 잘 수주하다가도 큰 프로젝트가 걸리면 주저하기 일쑤였습니다. 그렇게 2008~2009년 두 해 동안 신뢰 회복에 전력투구했고, 마침내 2010년에 들어 세종텔레콤은 업계에서 확고하게 인정받기에 이르렀습니다.

그렇습니다. 영업은 열정입니다. 신뢰와 열정이 있다면 고객에게 감동을 줄 수 있습니다. 그래서 저는 직원들에게 항상 웃는 얼굴로 고객을 만나라고 당부합니다. 또한 진부한 말이지만 '고객이 왕'이라는 진리를 새겨 항상 고객에게 감사하라고 말합니다. 그런 다음에 열정을 보여주는 것입니다. 고객을 설득하기 위해 끊임없이 노력한다면 어떤 고객이 우리에게 일을 맡기지 않겠습니까.

2011년 3월 30일 우리는 대한전선그룹으로부터 온세텔레콤을 인수했습니다. 온세텔레콤은 1996년 우리나라에서 세 번째 국제전화(008, 00365)로 출범하여 그동안 시외전화(083), 인터넷전화(VoIP, 070), 대표번호(1688), 개인번호(050), 전화정보서비스(060), 수신자부담전화(080), 무선인터넷(So1) 등 음성전화 관련 기간통신 사업자 역할을 해왔습니다.

세종텔레콤과 궁합이 딱 맞았습니다. 온세텔레콤은 자가망이 없고, 우리는 음성서비스 사업이 없었습니다. 둘이 합친다면 서로 부족한 것을 메우는 시너지 효과가 나는 것입니다. 가령 온세텔레콤은 그동안 남의 망을 빌려 사용하다 보니 원가 부담이 컸습니다. 이런 상황에서 우리 세종텔레콤이 가지고 있던 망을 잘만 활용하면 온세텔레콤은 비용 절감을 할 수 있고, 세종텔레콤은 매출을 늘릴 수 있었습니다.

온세텔레콤의 인수 과정에 우여곡절이 많았습니다. 온세텔레콤은 언제 터질지 모르는 잠재적 부실(우발 채무, 자산 재평가) 위험을 안고 있는 회사였습니다. 더구나 온세텔레콤을 소유하고 있던 대한전선그룹은 2010년 말까지 채권단으로부터 재무 구조 개선 명령을 받은 상황이었습니다. 문제는 온세텔레콤의 주가였습니다. 온세텔레콤의 주가가 춤을 출 때마다 매각자인 대한전선그룹의 조건이 달라진 것입니다. 오를 때는 더 받으려고 했고, 떨어질 때는 황급히 달려왔던 것입니다. 2010년 9월 초 온세텔레콤의 주가는 300~370원대였고, 2010년 10월 말에는 200원대로 떨어졌습니다. 그러다가 증권가에 온세텔레콤 매각 협상 소문이 나돌면서 11월 초에는 500원대를 넘봤습니다. 우리는 그런 상황에서 줄을 타듯 협상에 성공했습니다.

앞서 EPN 경우에도 그랬지만, 기업은 인수 후 정비가 몇 배나 더 힘이 드는 법입니다. EPN이 2년여에 걸쳐 체제를 정비했다면 온세텔레콤의 경우에는 무려 4년이나 걸렸습니다. 재무 구조 개선에 총 800억 원 가까이 투입됐습니다. 2011년 4월 27일까지 기존 주식 3주를 1주로 병합하는 무상 감자를 실시했고, 2012년 1월 20일, 685억 원의 유상증자를 실시했습니다. 여기에서만 9개월이 소요됐습니다. 온세텔레콤의 전임 소유주와 대표이사의 횡령 배임 사건이 터져 유상증자 작업이 중단되거나 주식 거래가 정지됐던 것입니다.

2015년 4월 1일 새로운 세종텔레콤이 출범했습니다. 그동안 온세텔레콤과의 통합 과정도 만만치 않았습니다. 세종텔레콤은 비상장회사였고, 온세텔레콤은 상장회사였기 때문입니다. 그래서 세종텔레콤의 통신사업 관련 자산과 고객 전부를 온세텔레콤에 넘기는 영업양수도營業讓受渡를 활용했습니다. 그러려면 온세텔레콤의 주주총회에서 의결권이 있는 총 발행주식(9,700만 주)의 3분의 1 이상의 동의(세종텔레콤 보유지분 51.6퍼센트는 무의결권)가 필요했습니다. 주주총회에서 안건을 통과시키려면 1,500여 명의 주주 중에서 3,300만 주 이상의 사전 동의를 받아야 했던 것입니다. 전화번호가 없어 일일이 주소지를 찾아가거나 우편물을 이용하는 수밖에 없었습니다.

누가 뭐래도 두 회사 통합의 최종 단계는 기업문화의 융합입니다. 앞서 노조 이야기에서 언급했지만 그게 가장 어려운 부분입니다. 물리적인 통합에서 화학적 용해 단계에 이르러야 비로소 진정한 하나가 되는 것입니다. 그래서 두 회사 관리 파트는 모두 서울 역삼동 사옥, 영업 파트는 서초동 사옥으로 근무지를 모았습니다. 그리고 각각의 사옥을 책임지는 사장들이 있었습니다. 또한 두 회사 공통 업무는 한 사람이 처리했습니다. 가령 경영관리 본부장 같은 경우 세종텔레콤과 온세텔레콤 업무를 한 사람이 맡아 관리하는 것입니다.

혁신이란 과거로부터의 탈출을 뜻합니다. 익숙한 것들로부터 낯선 곳으로의 과감한 변신을 말합니다. 제가 금융업을 접고 통신업으로 배를 갈아탄 것도 마찬가지입니다. 저는 인생에서 세 차례 탈출을 단행했습니다. 첫 번째 탈출은 1974년 열여섯에 고향 장흥 집을 떠나 맨손으로 무작정 상경한 것입니다. 그 원인은 가난이었습니다. 농촌에서는 그 지긋지긋한 가난을 도저히 벗어날 길이 없었습니다. 저뿐만 아니라 너도나도 먹고살기 위해 서울로 부산으로 공장지대로 몰려갔습니다. 마침 국가의 세 차례에 걸친 경제개발 5개년 계획과 맞물려 하나의 일상적인 풍경이 됐습니다.

두 번째 탈출은 1999년 8월 5일 나이 마흔하나에 증권거래법 위반 및 특정경제범죄가중처벌법 위반으로 구속 기소되어 91일 동안 구치소 생활을 했던 것입니다. 이것은 앞에서 이미 자세히 이야기한 바 있습니다.

그리고 2007년 EPN을 전격 인수하면서 통신업 진출로 세 번째 탈출을 감행한 것입니다. 사실 그 이전까지는 제가 통신 사업에 뛰어들 것이라고는 전혀 예상하지 못했습니다. 세종증권 시절만 하더라도 통신 부문이란 증권 사업의 경쟁력 강화를 위한 하나의 도구였을 뿐입니다. 그랬던 통신업이 어느 날 제게 운명처럼 다가왔습니다.

마찬가지로 2011년 온세텔레콤 인수도 절묘한 인연 같은 힘이 작용한 느낌입니다. 당시 국내 통신업계는 대형 3사를 중심으로 이합집산이 한창이었습니다. 이런 상황에서 세종텔레콤은 경쟁력 강화가 절실했고, 온세텔레콤은 경영난으로 새 오너를 찾고 있었습니다. 사실 우리가 먼저 인수하겠다고 나선 것도 아니었습니다. 어느 날 그쪽으로부터 인수 의향 타진이 왔고, 그리 나쁠 것도 없겠다는 생각으로 받아들였습니다.

두 회사의 통합은 제4이동통신 진출을 꿈꾸고 있는 우리에게는 든든한 주춧돌이 됐습니다. 세종텔레콤의 기존 기간통신망 사업에 온세텔레콤의 음성전화 서비스 사업이 더해져 시너지 효과가 나타났습니다. 노동량이나 자본을 더 투자하지 않아도 수익이 나오는 이른바 '패시브 인컴Passive Income' 모형이 바로 그것입니다.

통신 사업은 우리와 무관해 보이는 사업 영역 같지만, 사실 인연이 깊은 업종입니다. 저는 EPN이라는 통신업 회사를 만난 것이 운명 이라고 봅니다. 명동 시절 전신 전화 채권을 가지고 영업할 때부터 전화가 기계식에서 전자식으로 바뀌는 과정이었으며, 통신이 금융 과 만나는 과정을 쭉 지켜봤습니다. 특히 세종증권 시절에 사이버 거래를 하다 보니 통신이 얼마나 중요한지를 몸소 경험했지요. 당 시에는 사이버 거래의 미래를 내다보고 선도적으로 그 분야에 뛰 어들었지만, 아직은 통신 분야의 기술과 인프라가 충분히 발전하지 않은 시기여서 결국 고배를 들어야 했습니다. 그때 증권과 통신을 어떤 방식으로 결합해야 할지 많이 생각했는데, 비로소 통신사업에 진출할 기회가 생긴 것입니다.

2007년 8월에 EPN을 인수한 후 가진 언론 인터뷰에서 저는 저 렇게 포부를 밝혔습니다. 저는 무엇을 하겠다고 마음을 먹으면 머 뭇거리지 않습니다. 뭐든 생각만 하고 움직이지 않으면 몽상에 불 과합니다. 일단 '어디 한번 해보자' 하며 달려듭니다. 물론 시행착 오도 많이 겪었습니다. 하지만 돌이켜보면 그런 것들이 나중에 저 의 큰 자산이 됩니다. 두 번 다시 똑같은 잘못을 저지르지 않게 되니까요. 어떻게 보면 비싼 수업료인 셈입니다. 그렇게 저는 1982년 스물넷에 명동에서 사업에 뛰어들어(경영 제1기) 세종증권을 경영했고(경영 제2기), 2007년 마흔아홉에 통신업으로 전업하여 10년 넘게 기초를 다졌습니다(경영 제3기).

바야흐로 저의 경영 제4기가 시작될 차례입니다. 세종이라는 이름은 저의 또 다른 자아입니다. 끊임없이 저를 담금질하고 더 높은 곳을 향하여 나아가도록 독촉합니다. 헤르만 헤세의 《데미안》에 나오는 구절처럼 "새는 알을 깨고 나가려고 몸부림 쳐야" 합니다. 물론 그것은 알 속 새끼의 힘만으로는 부족합니다. 밖의 어미가 부리로 껍질을 쪼아줘야 합니다. 바로 그것이 동양에서 말하는 '줄탁동시啐啄同時' 아니겠습니까. '줄啐'은 병아리가 깰 때 안에서 껍질을 쪼는 것을 뜻합니다. '탁啄'은 어미 닭이 밖에서 새끼의 소리를 듣고 동시에 그 알을 쪼는 것입니다. 그렇습니다. 하나의 완강하고 딱딱한 껍질이라는 세계는 둘이 안팎에서 동시에 호흡을 맞춰 깨나가는 것입니다. CEO가 안에서 신호를 보내면, 밖에서 전 사원이 온 힘으로 맞장구를 치면서 새로운 세계로 나아가는 것입니다.

2

CEO는
열정이다

흔히 비즈니스는 장기보다 바둑에 더 가깝다고 합니다. 누군가를 이기기 위한 게임이 아니라 스스로 집을 짓고 그 집을 지키면서 자신의 영역을 넓혀가는 일이기 때문입니다. 그러다 보면 시장의 경쟁에서 앞서 나갈 수 있고, CEO로서 뿌듯한 보람과 성취감을 느낄 수 있습니다.

바둑은 검은 돌과 흰 돌 두 가지뿐입니다. 그런데도 이들은 바둑판 위에서 천만조화를 다 일으킵니다. 컴퓨터가 0과 1의 두 숫자로 못 하는 일이 없듯이, 바둑도 이 두 색깔의 바둑알로 수천수만 가지의 전투 상황을 조합해냅니다. 비즈니스도 다르지 않습니다. 사람과 돈으로 모든 일을 다 해냅니다. 그것으로 이 세상에 못 해낼 일이 거의 없습니다. 사람과 돈은 바둑알과 마찬가지로 모두가 평등합니다. 그들은 오로지 일과 효율성으로만 평가됩니다.

장기는 장기알 하나하나가 제각기 역할이 있습니다. 장기알은 그 일정한 역할에 따라 움직입니다. 차車와 포包의 역할이 다르고 말馬과 상象의 하는 일이 다릅니다. 축구경기에서 골키퍼, 수비수, 공격수, 미드필더 식으로 포지션이 있는 것과 같습니다. 일반 기업 조직에서 사장, 전무, 부장, 차장 등이 있는 것과도 마찬가지입니다.

장기와 바둑은 패러다임이 완전히 다릅니다. 장기는 한마디로 '적의 임금 쓰러뜨리기'라고 말할 수 있습니다. 부하들이 모두 살아 있어도 임금이 죽으면 패배합니다. 거꾸로 부하들이 다 죽어도 최후까지 임금이 살아 있으면 승리합니다. 직책에 따라 상하 위계질서가 확실합니다. 수직적인 체계가 공무원 조직이나 군대 조직과도 닮았습니다. 일반 기업보다 훨씬 수동적입니다.

장기에서는 누가 뭐래도 임금을 온전하게 보존하는 것이 최우선입니다. 졸이나 말, 상, 포는 보디가드처럼 임금을 향해 쏟아지는 창과 화살을 몸을 던져 막아내야 합니다. 그런 다음에 적의 심장부인 임금을 공격해야 합니다. 축구나 농구에서 수비가 강한 팀이 이기는 것과 비슷합니다.

기업 활동이나 스포츠 경기는 생물과 같습니다. 끊임없이 꿈틀대고 요동칩니다. 끝도 시작도 없습니다. 그러나 기업은 반드시 이익을 내야 하고, 스포츠 경기도 일단 이기고 봐야 합니다. 그렇기 때문에 때론 장기처럼 조직원들의 역할과 코드화가 필요합니다.

하지만 코드화가 지나치면 팀이 굳어져 활기를 잃습니다.

바둑은 땅 뺏기 게임입니다. 어떤 바둑알이든 하는 역할이 다 똑같습니다. 직책도 평등합니다. 자원 봉사자들의 힘으로 꾸려나가는 각종 자선단체 조직이나 사찰, 교회 같은 종교조직과 비슷합니다. 그만큼 수평조직이라고 할 수 있습니다. 바둑알은 우선 자신부터 살아야 합니다. 그러나 혼자서 산다는 건 불가능합니다. 살기 위해서는 다른 바둑알과 선을 이어야 합니다(연대). 서로 손에 손을 맞잡고 생존 띠를 만들어야 살 수 있습니다. 바둑판에는 싸움터가 따로 없습니다. 바둑알이 놓아지는 곳, 바로 그곳이 싸움터입니다. 그 땅이 어느 곳이든 싸워서 이겨 '두 집'을 지으면 그곳이 바로 뼈를 묻고 사는 고향 땅이 됩니다.

프랑스 철학자 질 들뢰즈는 "장기는 전쟁이기는 하나 제도화, 규칙화가 되어 있는 전쟁으로서 전선과 후방 그리고 다양한 전투를 포함해 코드화가 되어 있다"라고 말합니다. 이에 비해 바둑은 전선 없는 전쟁, 충돌도 후방도 없으며, 심지어 극단적인 경우 전투마저 없는 전쟁이 그의 본질이라는 것입니다. 현대의 기업도 그렇습니다. 제도화, 규칙화가 된 부분이 전혀 없는 것은 아니지만, 본질적으로 바둑의 그것과 거의 같다고 할 수 있습니다.

양파 껍질 하나만 벗기면 한국은 여전히 농경사회이다. 겉으로는 인터넷 시대의 최첨단을 걷는 것 같지만, 의식구조와 가치관은 농경사회와 다르지 않기 때문이다. 여전히 집단 공동체의식과 수직적 위계질서가 사회문화 코드의 핵을 이룬다. 상명하복식 조직문화는 개인의 일탈을 막아 내부 질서를 유지하는 데는 반드시 필요하다. 제조 생산업에 필요한 노동 가치관은 농경사회 유지에 필요한 가치관과 다르지 않다. 우리의 농경사회 가치관은 비보이의 성공을 가져다주었지만 구글처럼 새로운 것을 창조하는 혁신기업을 만들기에는 적합하지 않다. 지금 나아가고 있는 축에서 다른 축으로 방향타를 돌려야 한다.

창조적 자기 파괴가 필요한 시기이다. 한국 사회는 유전자 개조가 필요하다. 한국 사회는 튀는 사람을 수용하는 것이 아니라 '왕따'로 제재를 가하려고 한다. 재계에서는 하루가 멀다 하고 창조와 혁신을 부르짖고 있지만, 실제로 창의적인 사람이 나타나면 우리는 그를 기존 질서에 편입하기 위한 길들이기에 몰두할 것이다.

조직문화가 받쳐주지 않으면 아무리 창조적인 인재가 있다고 하더라도 역량을 발휘할 수 없다. 수직적인 조직문화, 튀는 사람을 길들이기에 급급한 조직문화, 투명하지 못한 조직문화, 다른 것과 다른 사람을 배척하는 조직문화를 바꾸지 않는 한 '창조적이 돼라'고 하는 주문은 공염불로 끝난다. 내일의 주류는 오늘의 비주류이다. 새로운 발전을 도모하는 기업이라면 '자발적인 비주류' 집단을 찾아내어 보호해야 한다. 현재 한국의 기업문화 안에서는 창조적 인재가 있다고 해도 빛을 보지 못하고, 왕따당하고 도태되기 십상이다. 우리 기업 정서는 말단 직원이 자신의 아이디어를 두고 '이것이 내 것이오' 하고 외치는 것을 곱게 보지 않는다. 말단 직원의 지적재산권을 인정해줘야 한다. 경쟁력 있는 조직문화를 정립하는 것은 공장 하나 더 잘 짓는 것보다 훨씬 더 시급한 일이다.

이현정의 《대한민국 진화론》(동아일보사, 2007)을 간추린 내용입니다. 이현정 씨는 2003년부터 2007년까지 5년 동안 삼성전자에서 최초로 여성 임원을 지냈던 분으로, 서울대학교 사범대학 영어교육과를 마치고 미국 일리노이대학원에서 융복합 연구를 했으며, 그 후 벨 연구소에서 근무했습니다. 그리고 실리콘밸리에서 벤처기업 CEO로 활동하기도 했습니다.

그가 한국에서 활동한 시기는 10여 년 전입니다. 그때와 지금의 한국 상황은 많이 변했습니다. 하지만 이분이 지적한 큰 줄기는 여전히 바뀌지 않은 것 같습니다. 여태까지 우리나라는 '농업적 근면성'으로 제조업 강국의 신화를 이루었지만, 이제는 그러한 "연장선상에서의 진화가 아니라 완전한 유전자 개조를 해야 한다"는 말이 그렇습니다. 불판을 송두리째 바꿔 창조적 자기 파괴를 해야 한다는 것입니다.

더 이상 장기와 같은 수직적 시스템으로는 세계 시장에서 살아남을 수 없다는 지적입니다. 수평적 바둑 시스템으로, 제조업이 아닌 지식산업 쪽으로 눈을 돌려야 한다는 이야기입니다. 그러려면 모든 것을 두부모 자르듯이 똑같이 맞추려는 가부장적 사고방식으로는 한계가 있다는 뜻입니다.

이현정 씨는 "한국 사회, 한국인은 세계를 몰라도 너무 모른다"라고 단언합니다. 미국인이 세계를 모르는 것은 애교이지만, 한국인이 세계를 모르는 것은 사활이 걸린 문제라는 것입니다. 세상은 개인과 조직이 수평적으로 엮이는 인터넷 세계로 진입하고 있는데도, 우리는 여전히 1등부터 100등까지 줄을 세우고 있다는 것입니다. 게다가 배타성이 강해 일의 중심인 사무실보다 뒷담화의 공간인 음식점과 골프장에서 더 많은 사건이 일어나고 있다고 말합니다.

우리 사회의 조직문화는 지나치게 정치적이고 내부 지향적입니다. 전 세계를 대상으로 하는 외부 지향적인 가치관은 찾아보기 힘듭니다. 그러면서도 늘 다른 나라 사람이 우리를 어떻게 보느냐에 신경을 곤두세웁니다. 그들이 조금이라도 우리를 좋지 않게 보기라도 하면 펄펄 뛰며 분노합니다. 그리고 툭하면 '세계 최초, 세계 최고'라며 우쭐대고 자랑하기를 좋아합니다. 왜 그렇게 남들에게 인정받고 싶어 목을 맬까요? 왜 그리 남의 칭찬에 목숨을 걸까요?

1866년 병인양요 당시 조선의 양헌수 대장은 군함 7척에 나눠 타고 온 프랑스군 1천여 명을 강화섬에서 물리쳤습니다. 하지만 1871년 신미양요 때는 군함 5척의 미군에 조선군은 무참하게 무너졌습니다. 어재연 장군과 그의 동생 어재순은 물론 조선군은 최후의 한 명까지 항전했지만 미국의 엄청난 화력을 당해낼 수가 없었습니다. 큰 피해를 입은 조선의 군사력과 국경 방어 능력을 눈여겨본 일본의 침략 세력이 1875년에 운양호 사건을 일으켜 강화도조약을 체결하게 되었고 이후 우리나라는 세계 열강의 각축장이 되었습니다.

만약 1866년 병인양요 때 조선이 전면 개방을 하고 서양 문물을 받아들였다면 어떻게 됐을까요? 1868년에 이웃나라 일본은 메이지유신을 단행하여 천황 중심의 중앙집권국가로 체제 전환을 추진하고 부국강병에 힘써 강대국 대열에 들어섰습니다. 물론 우리나라도 꼭 그렇게 됐으리라고 단언할 수는 없습니다. 하지만 곰곰이 되새겨보면 많은 교훈을 주는 것은 사실입니다.

2007년 신미양요 때 빼앗긴 조선군 대장 '帥' 자 깃발이 136년 만에 미국의 장기 대여 형식으로 한국에 돌아왔습니다. 가로세로 4.5미터 크기의 삼베광목 깃발. 그 깃발을 부둥켜안고 전원 죽음을 택한 선조의 모습이 눈에 선합니다. 이현정 씨는 《대한민국 진화론》에서 한국의 교육의 획일성과 인재 발탁에 대해 신랄한 비수를 날립니다. 이 부분도 간추려 그의 주장을 전해보겠습니다.

한국 사회가 배출하고 있는 다음 세대의 인재는 그들의 글로벌 경쟁자인 다른 사회의 인재들에 비해 정서적으로 불안정한 가정교육을 받고 있다. 아무리 최고 명문대학의 졸업장을 갖고 있다고 해도 정서적으로 안정되지 않은 사람은 실전에서 백전백패한다. 잘나가는 대기업에 들어오는 사람들 자체가 근본적으로 비슷한 환경에서 자라, 비슷한 환경에서 공부하고 비슷한 경험을 한 사람들이다. 기업의 선발 기준이 인위적으로 다양성을 추구하지 않는 이상, 가만히 두어도 저절로 닮은꼴 사람들이 들어오게 마련이다. 이것이 바로 한국 기업의 쌀밥 문화이다. '개밥에 도토리'라는 속담은 튀는 사람을 왕따시키는 표현이다. 그러나 그 사람이 도토리면 당신은 개밥이다. 아무도 먹지 않는 개밥은 곧 쉰밥이 되어 분리수거 되고 쓰레기장으로 갈 것이다.

참으로 독하고 뼈아픈 이야기이지만 고개가 끄덕여지는 것도 사실입니다. 미국에서는 부자가 되기 위한 가장 빠른 방법이 창업이라고 합니다. 구글, 아마존 같은 기업이 쏟아져 나오는 이유입니다. 하지만 프랑스나 한국에서는 젊은이들이 너도나도 공무원을 최고로 칩니다. 평생 직장이 보장되니 과감하게 도전에 나서기 쉽지 않습니다. 세계가 깜짝 놀랄 만한 벤처기업이 나오기 어려운 환경입니다.

장기는 임금이 있는 곳이 최전방입니다. 임금과 멀리 떨어져 있는 곳은 그곳이 어디든 후방입니다. 모든 물자와 병사는 모두 최전방에 집중됩니다. 축구, 농구에서 골대에 공과 선수들이 몰리는 것과 똑같습니다. 명령도 위에서 아래로 물 흐르듯이 흐릅니다. 결국 전투의 승패는 지휘관의 지휘력에 좌우됩니다. 문제는 그런 지휘관이나 상관이 수평적 인터넷 사회에서는 불필요하다는 것입니다. 그런 사람들은 오히려 일에 거치적거려 방해가 될 뿐입니다. 아마도 전 세계에서 한 나라의 모든 물적·인적 자원이 한곳에 몰려 있는 곳은 북한 체제가 유일할 것입니다. 그것도 김정은이라는 한 독재자에게 말입니다. 그 사회가 얼마나 수직적이고 폐쇄적이고 융통성 없는 체제인지 우리는 잘 알고 있습니다.

이 세상에서 가장 좋은 조직은 조직에 속한 모든 사람이 스스로 알아서 자기 능력을 100퍼센트 발휘해주는 조직입니다. 그러나 조직 속의 인간은 역할을 부여하지 않으면 일을 제대로 하지 못합니다. 역할을 지정해주고 그 책임과 권한을 명확하게 알려주어야 비로소 일에 열중합니다. 장기판에서 장기알에 각각 그 역할을 부여하지 않고 임금을 지키라고 한다면 어느 것도 움직이지 않을 것입니다. 그렇다고 조직원의 역할만 지나치게 강조하다 보면 그 역할과 역할 사이, 인간과 인간 사이에 틈이 생깁니다. 그 틈은 조직을 금가게 합니다.

탁구, 테니스, 배드민턴 복식 경기에서 가장 취약한 지점은 어디일까요? 그곳은 바로 두 선수 사이입니다. 책임 구역이 모호하다 보니 때론 서로 미루기도 하고, 때론 자기 구역이라며 서로 치려고 합니다. 그래서 상대는 그 지역을 집요하게 공격합니다. 그곳을 찔러오는 셔틀콕이나 테니스공, 탁구공을 두 선수가 서로 치려다 보면 라켓이 엉키기 쉽고, 또 서로 미루다 보면 아무도 그것을 쳐내지 않게 됩니다. 그래서 탁구, 테니스, 배드민턴 등 복식경기에서 가장 중요한 것은 두 사람의 호흡입니다. 그 호흡은 서로를 배려하는 마음에서 나옵니다. 바둑판의 바둑알 정신과 같습니다. 바둑은 서로 손잡고 연대하지 않으면 곧 죽기 때문입니다.

21세기는 과거와는 완전히 다른 문명사적 대전환의 시기입니다. 19세기는 산업혁명과 기계화가 사회발전을 이끌었고, 20세기는 조직화와 대량생산이 세상을 바꿔놓았습니다. 우리나라도 1953년 67달러에 불과했던 1인당 총소득이 OECD에 가입한 1996년에는 1만 3천 달러로 늘었고, 2018년에는 3만 달러를 돌파했습니다. 하지만 그 그늘에는 높은 자살률과 격심한 사회 불평등, 양극화 같은 사회문제가 도사리고 있습니다. 천편일률적인 아파트가 상징하듯 평준화·획일화에 따른 부작용이 곳곳에서 나타나고 있습니다.

결국 대한민국을 새로 개조해야 할 시기가 온 것입니다. 익숙한 모든 일, 해왔던 모든 일을 미련 없이 버리고, 완전히 새롭게 시작해야 합니다. 세계는 경제·사회의 주도권이 밀레니얼 세대로 넘어가고 있습니다. 혁신적인 리더십이 절실하게 요구되고 있는 것입니다. 제가 속한 베이비붐 세대가 한때 '발칙한 세대'라고 눈총을 주었던 X세대가 어느덧 40대가 됐고, 그들 바로 아래 세대인 밀레니얼 세대로부터 '젊은 꼰대' 소리를 듣고 있습니다.

2019년 1월 행정안전부에서 발표한 주민등록 인구통계 분석에 따르면 한국인의 평균 연령은 42.1세(남 40.9세, 여 43.2세)입니다. X세대가 한국의 허리가 된 것입니다. 그만큼 한국 사회가 늙어가고 있다는 뜻입니다. X세대는 한국 대중 문화가 폭발적으로 성장한 1990년대에 20대를 보냈습니다. 1989년 해외여행 자율화의 수혜로 해외여행을 시작했고, 개인 이동통신 수단의 원조격인 삐삐를 접한 세대입니다. IMF 외환위기를 겪으며 취직난을 경험하기도 했습니다.

문제는 X세대도 이미 '젊은 꼰대'가 됐다는 것입니다. 바야흐로 세상은 밀레니얼 세대의 감각과 패션이 표준이 됐습니다. 그들의 취향과 삶의 방식을 대표하는 것이 바로 글로벌 대표 IT 기업들입니다. 'FAANG'(페이스북, 아마존, 애플, 넷플릭스, 구글)으로 축약되는 이들의 손길은 어디로 뻗을지 X세대로서는 따라가기 벅찰 수밖에 없습니다.

이미 한국 사회에 그 징조가 서서히 나타나고 있습니다. '잘 살아보자'며 달려들었던 활화산 같은 국민적 에너지가 사라진 지 오래입니다. 무에서 유를 창조했던 창업형 기업가도 별로 눈에 띄지 않습니다. 여기서 2010년부터 3년간 현대자동차에서 상무로 일했던 미국인의 시각을 알아보는 것도 도움이 될 것입니다. 프랭크 에이렌스는 《현대자동차 푸상무 이야기》(프리뷰, 2017)에서 이렇게 말합니다.

한국은 모험심 잃은 중년의 성인 같다. 가난을 벗어난 지 얼마 되지 않은 나라라는 점을 감안하면, 사람들이 모험을 피하고, 신중한 접근을 통해 그동안 이룬 것을 지키려는 경향이 있다는 점을 이해할 수 있다. 하지만 그렇게 하면 혁신과 리더십이 아니라 정체의 길로 나아가게 된다. 조선소를 짓기 전에 배부터 수주한 정주영 회장의 모험정신을 되살려야 한다.

밀레니얼 세대로 대표되는 발랄한 신인류가 세상의 신권력New Power입니다. '꼰대'로 표현되는 구권력Old Power의 삶의 방식은 폐쇄적입니다. 권력을 한번 손에 쥐면 절대 내놓지 않습니다. 리더가 말하면 무조건 따르고, 자신도 아랫사람들에게 명령을 하달합니다.

신권력은 다수가 참여하고 개방적이며 모두가 주도합니다. 권력을 움켜쥐고 놓지 않는 것이 아니라 일정한 방향으로 흐르도록 결집합니다. 이들의 가치는 '참여, 공유, 투명성'입니다. 참여하면 공유하고, 공유하면 투명할 수밖에 없습니다. 바로 참여, 공유, 투명성이 초연결사회 신권력의 핵심 키워드입니다. 신권력은 행동에 옮길 수 있고Actionable, 상호 연결되어 있으며Connected, 무한대로 확장 가능한Extensible 것입니다.

요즘 신인류는 생각이 유연합니다. 탈레반 같은 이념 지향적인 꼰대들을 벌레 보듯 싫어합니다. 그들의 눈에는 진보 꼰대든 수구 꼰대든 도긴개긴 하나도 다를 게 없습니다.

개미와 베짱이의 이솝우화도 자신들에게 맞게 각색하여 받아들입니다. 개미의 일과 베짱이의 노래가 결코 다른 것이 아니라는 항변을 담고 있습니다. 일과 노래, 즉 일과 놀이는 결국 하나가 되어야 한다는 뜻입니다.

우선 일본판 버전입니다. 베짱이가 겨울에 개미집 문을 두드리니 안에서 아무 소리가 나지 않았습니다. 문을 따고 들어가 보니 개미는 여름에 너무 일을 많이 해서 과로사한 상황이었습니다. 러시아판 버전도 있습니다. 베짱이가 문을 두드리니 개미가 "동지들, 어서 오시오. 프롤레타리아 형제들, 함께 나누어 먹읍시다" 하고 반겼습니다. 그렇게 개미와 베짱이는 겨우내 함께 나누어 먹고, 이듬해 봄에 함께 굶어 죽었습니다. 미국판 할리우드 버전도 있습니다. 베짱이가 문을 두드리니 개미가 안에서 소리칩니다. "내가 열심히 일해서 모은 곡식을 왜 너와 나누어 먹어야 하지? 내 집에서 썩 꺼져!" 베짱이는 너무 슬퍼 집에 돌아와 노래를 불렀고, 음반기획사가 그 노래를 듣고 반해 음반을 냈습니다. 그런데 그 음반이 히트해서 베짱이는 돈방석에 앉았습니다.

요즘 일본 대학들은 학생들에게 야단맞는 법을 가르치고 있다고 합니다. 학생들이 집이나 학교에서 야단맞은 경험이 거의 없다 보니, 직장에서 상사에게 혼쭐이 나면 견디지 못한다는 것입니다. 상사로부터 혼나 정신적으로 힘들다는 신입사원들의 호소가 잇따

르자 대학에서 이를 미리 가르쳐서 내보내려는 것입니다. 기성세대야 '저 잘되라고 그런 것'이라고 말할 수 있습니다. 하지만 당사자가 그렇게 생각하지 않는다면 아무 소용이 없습니다. 어른들의 꾸중이 성장의 자양분이 되지 않는 세상에서 그들은 살고 있습니다. 이제는 상사도 '혼내는 법'을 배워야 합니다. 일본의 기업 연수원들이 '잘 야단치는 법'을 강의 프로그램에 넣는 이유입니다. 아래 직원을 비판하기보다는 잘 들어주라거나 탓하기보다는 먼저 지원해주라고 강조하는 것입니다.

성장만으로는 더 이상 인류의 문제를 해결할 수 없는 상황에 와 있습니다. 디지털 정보기술은 인간을 '어리석은 바보'나 '대책 없는 실업자'로 만들고 있습니다. 빅데이터로 인간을 해킹하여 사람의 감정까지 마음대로 조정하고, 유전자 조작으로 새로운 인류를 생산하는 문턱에까지 이르렀습니다. 도대체 정보기술과 생명기술은 우리 인류를 어디로 데려가는 걸까요? 과연 이 극심한 변화를 인간정신이 견뎌내기나 할까요? 한 가지 분명한 사실은 20세기적 접근으로는 이 문제를 풀 수 없다는 사실입니다. 그렇다면 결국 새 술은 새 부대에 담는 수밖에 없습니다.

요즘 우리나라 대기업 CEO들의 격식 파괴가 화제입니다. 이재용 삼성그룹 부회장, 정의선 현대차그룹 수석부회장, 구광모 LG그룹 회장, 최태원 SK그룹 회장, 신동빈 롯데그룹 회장 등이 바로 그들입니다. 직접 반소매 티셔츠 차림으로 프리젠테이션을 하거나,

구내식당에서 사원들과 똑같이 직접 식판을 들고 점심을 먹거나, 파격적인 토크 콘서트를 예사롭게 하기도 합니다. 최태원 회장은 "회사를 다니는 것은 단순히 돈을 벌기 위해서가 아니라 행복을 추구하기 위해서다. 임직원들의 행복을 함께 찾기 위해 힘들더라도 올 한해 임직원과 100회 만나겠다"라고 약속했습니다. 그렇게 하려면 공휴일, 해외출장 등을 제외하고는 거의 매일 직원들과 만나야 하는데도 말입니다.

그만큼 세상은 조직 구성원과 격의 없이 소통하는 친구 리더십을 요구하고 있습니다. 수직적인 장기 조직에서 점점 수평적인 바둑 조직으로 옮겨가고 있는 것입니다. 창업 세대의 황제·영웅주의 리더십이 더 이상 통하지 않는다는 뜻입니다. 사실 정주영 현대그룹 창업주나 이병철 삼성그룹 창업주는 한국적 가부장적 리더십의 전형입니다. 이분들의 말 한마디 한마디는 곧 지상 명령이나 마찬가지였습니다. 그들은 활화산 같은 열정과 창의력, 그리고 초인적인 노력으로 보통 사람으로서는 감히 상상할 수도 없는 엄청난 발자취를 남겼습니다.

물론 오늘날의 대한민국이 전적으로 그들의 힘만으로 이루어진 것은 아닙니다. 하지만 그들이 있었기에 국민이 큰 힘을 얻었던 것은 사실입니다. 이들의 가장 큰 업적은 뭐니 뭐니 해도 불굴의 도전정신과 '하면 된다'는 자신감입니다.

정주영 회장의 '이봐, 해봤어?'가 그 대표적인 예입니다. 정주영 회장은 소위 전문가라든가 배운 사람들의 말을 크게 신뢰하지 않았습니다. 뭐는 어떻고 하면서 부정적인 근거를 많이 나열하기 때문입니다. 이때 정주영 회장이 내뱉는 말이 바로 "이봐, 해봤어?" 입니다. 그는 그렇게 도저히 불가능하게 보였던 일들을 보란 듯이 해냈습니다.

조선 사업을 시작할 때도 수많은 이가 말렸습니다. 당시 유명한 해외 유학파 출신의 어느 경제 각료는 "정 회장의 조선업이 성공하면 내 열 손가락에 장을 지지고 하늘로 오르겠소"라고 말하기도 했습니다. 그러나 오늘날 어떻게 됐습니까? 또한 88서울올림픽을 유치할 때도 모두가 체면치레 정도만 해도 다행이라고 생각했습니다. 다 합쳐봐야 미국이나 대만만 한국을 지지할 거라고 비아냥댔습니다. 개표 전날 당시 IOC 총회 개최지 서독에서는 "일본 나고야 개최가 확정된 것이나 마찬가지인데, 한국인은 그것도 모르고 아직도 웃으면서 표를 구하러 다닌다"라며 조롱하기도 했습니다. 그때 오직 단 한 사람 정주영 회장만은 확신에 찬 목소리로 "서울에서 올림픽이 열린다"라고 말했습니다. 그의 말은 곧 사마란치 위원장의 "쎄울 코리아!"라는 발표로 입증됐습니다. 3표밖에 없다던 소문과 달리, 한국에 무려 52표나 몰렸습니다. 일본 나고야가 얻은 표는 27표에 불과했습니다.

정주영 회장은 언변만 유창한 사람을 별로 좋아하지 않았습니다. 겉치레는 딱 질색이었습니다. 10년이 넘은 낡은 구두에 허름한 양복 차림으로 다녔습니다. 추울 때 한 벌, 더울 때 한 벌 입을 양복이면 되지 왜 그런 데에 돈을 쓰느냐는 것입니다. 경영자나 사무 연구직의 지식노동자들도 현장에 가서 땀을 흘려봐야 현장을 가슴으로 이해할 수 있고 책상물림의 한계를 벗어날 수 있다고 말했습니다.

그는 책상물림들이 고정관념과 교과서적 이론에 얽매이는 것을 끔찍이 싫어했습니다. 힘든 일을 앞에 놓고 긍정적인 생각을 가지고 덤벼들다 보면 없어 보이던 방법도 보이는데, 반대로 부정적인 접근을 하다 보면 있는 길도 보이지 않는다는 것입니다.

'현대 경영학의 구루'라고 추앙받는 피터 드러커 교수와 정주영 회장이 만난 적이 있었습니다. 그때 드러커 교수가 정주영 회장에게 했다는 말이 의미심장하게 들립니다.

피터 드러커는 정주영 회장의 기업가 정신에 찬사를 보냅니다. 사업가가 아니라 경영학 교수로 머물러 있는 것을 두고, 실천으로 옮길 배포와 자신이 없기 때문이라고 드러커 교수는 자신을 진단합니다. 그는 기업가 정신이 머리가 아니라 가슴과 기질, 이론이 아니라 천성에서 나온다고 말합니다. 정주영 회장이 그런 면에서 타고났다고 추켜세웁니다. 제 생각도 그렇습니다. 불확실성과 위험 요소를 간파하여 기회로 이용하는 것, 이를 추진하는 리더십과 실행력이 없다면 사업가가 될 수 없습니다.

그렇습니다. 수영은 물속에 텀벙 뛰어들어 팔다리를 허우적대며 터득하는 것입니다. 물 밖에서 책으로 배울 수 없습니다. 정주영 회장 같은 창업자들에게는 무서운 에너지가 있습니다. 그래서 그들의 사업이 무엇이든 혹은 규모가 크든 작든 창업자는 무섭습니다. 그들은 스스로 인생을 만들어낸 사람들입니다. 반드시 어딘가에 펄펄 끓는 용암 같은 에너지가 숨어 있습니다. 하지만 기업을 물려받은 2세들은 자꾸 주춤거립니다. 지키는 데 신경을 쓰다 보니 열정이 보이지 않습니다.

사실 경영학자들은 창업자 정신Entrepreneurship이야말로 비즈니스 성공의 가장 훌륭하지만 가장 저평가된 비밀 중 하나라고 말합니다. 창업자 정신의 특성을 분명히 드러내는 기업은 다른 기업보다 상위 25퍼센트가량 성과를 낼 가능성이 다섯 배나 높다는 것입니다.

클레이턴 크리스텐슨 미국 하버드대학 경영대학원 석좌교수는 "한국의 번영은 바로 '시장 창조형 혁신' 덕분이다. 1960년에 멕시코는 한국보다 두 배 정도 부유했지만, 지금은 한국의 3분의 1에 불과하다. 그것은 멕시코가 그동안 글로벌 기업의 생산기지로서 효율성 혁신을 추구했을 뿐 시장 창조형 혁신을 수행하지 못했기 때문이다. 한국은 과감하게 시장 창조형 혁신을 추구함으로써 수많은 관련 사업과 일자리를 파생시켜 번영의 연쇄 효과를 달성했다. 물론 그 선두에는 정주영, 이병철 같은 기업가들이 있었다"(〈조선일보〉, 2019년 2월 25일 자, 송경모 고려대 교수)라고 말합니다. 크리스텐슨 교수는 '파괴적 혁신이론'으로 유명합니다. 그는 1970년대 가난에 찌들었던 한국에 모르몬교 선교사로 방문했던 경험이 있습니다.

한국 경제 성장의 일등공신이 '잘 살아보자'고 죽기 살기로 일했던 한국인 자신임에 틀림없습니다. 그래서 마이클 포터 하버드 대학 교수는 "위기 상황에서 '더 이상 잃을 것이 없다'는 한국인의 맨땅에 헤딩 정신이 한국 기업의 성장에 가장 강력한 동인"이라고 말합니다. 온 국민이 하나같이 똘똘 뭉쳐 가난을 극복한 것입니다. 거기에 국가가 장기계획을 세워 일관성 있게 밀고 나갔고, 그 선두에 기업인들이 서서 이끌었습니다.

현대사회는 영웅이 없는 시대입니다. 굳이 영웅을 찾는다면 평범한 보통 사람들이 바로 그들입니다. 현대 전쟁에서도 슈퍼스타는 사라졌습니다. 적어도 제2차 세계대전 때만 해도 롬멜이나 아이젠하워 혹은 맥아더 같은 영웅이 있었습니다. 그리고 이들은 전쟁의 승패에 지대한 영향을 끼쳤습니다. 하지만 미국의 아프가니스탄이나 이라크와의 전쟁을 보더라도 더 이상 영웅은 없습니다. 갈수록 어느 한 개인의 판단에 의존하기보다는 조직과 전략, 팀워크, 시스템으로 전쟁을 치릅니다. 요즘의 기업 경영이나 다를 게 전혀 없는 것입니다.

《거울나라의 앨리스》라는 루이스 캐럴의 소설이 있습니다. 그 내용 중에 붉은 여왕이 앨리스에게 "제자리에 있고 싶으면 죽어라 뛰어!"라고 하는 대목이 나옵니다. 그 나라에서는 사방이 앞으로 움직이기 때문에, 가만히 있다간 저절로 뒤로 처진다는 것입니다. 그러니 그 나라에서는 제자리에 있고 싶으면 뛰어야 합니다. 앞으로 나가려면 주위보다 더 빨리 뛰어야 합니다.

CEO는 잠시도 쉴 수가 없습니다. 굴렁쇠는 잠시만 멈춰도 쓰러집니다. 구르는 돌에는 이끼가 끼지 않습니다. 끊임없이 자기 변신을 꾀해야 살 수 있습니다. 세상은 끊임없이 변하고 끝없이 들끓습니다. 시장은 전쟁터입니다. 부단하게 경쟁해야 살아남을 수 있습니다. 열흘 붉은 꽃은 없습니다. 끊임없이 시장의 변화에 적응해야 합니다. 거울을 닦고 또 닦아, 늘 몸과 마음을 맑고 청정하게 유지해야 세상의 흐름을 겨우 볼 수 있습니다. 한때 세계 휴대전화 시장을 장악했던 노키아가 왜 하루아침에 쪼그라졌을까요? 기술의 소니는 왜 이류기업이 됐을까요? 변하는 것도 때에 맞춰서 제대로 변해야 합니다.

상황이 어떻게 변하든 그 변화에 적응할 수 있는 능력이 필요한 시대입니다. 끊임없이 새로운 질문을 던지며 새로운 영역으로 나아가는, 진취적이고 도전적인 사고를 해야 합니다. 그래서 CEO에게는 끝없는 창조적 자기 파괴가 필요합니다. 잘나갈 때도 언젠가 다가올 불황에 대비해야 하며, 불황일 때는 호황일 때를 생각해 새로운 투자 기회를 모색해야 합니다. CEO의 DNA는 혁신을 갈망합니다. 그렇다고 혁신은 결코 별나라에서 일어나는 것이 아닙니다. 펄펄 뛰는 시장 속에서 일어납니다. 자연은 결코 하루아침에 비약하는 법이 없습니다. 혁신은 어느 하루아침에 일어나는 것이 아니라 오랜 준비와 축적에서 나옵니다. 그것은 한 기업의 모든 역량이 응집될 때 비로소 싹이 틉니다. CEO의 열정과 그 구성원들의 절실함이 어우러질 때 비로소 꽃이 핍니다.

3

기업은
생물이다

세계에서 가장 오래된 기업은 일본의 건축회사 '곤고구미'입니다. 이 회사는 서기 578년에 설립된 회사입니다. 무려 39대째 내려오며 올해 1441주년이 됐습니다. 설립자는 곤고 시게미쓰를 비롯한 세 명의 백제 장인입니다. 이들은 일본 쇼토쿠 태자의 초청으로 일본으로 건너가, 사천왕사 등 사찰과 신사, 오사카성 등을 지었습니다. 오사카의 사천왕사는 일본에서 가장 오래된 절입니다.

현재 이 회사는 일본에서 사찰 신축과 신사, 불각 건축의 설계 및 시공, 성곽 및 문화재 건축물의 복원과 수리 등을 주업으로 하고 있습니다. 이 회사의 경영철학은 소박합니다. 첫째, 사장은 비서가 없다. 둘째, 사장은 현장에 붙어 살아야 한다. 셋째, 눈이 닿지 않는 공사 현장이 생기면 그곳은 곧 부실로 이어진다. 넷째, 기본에

충실한다. 바로 이것이 지난 1995년 고베대지진 때 곤고구미에서 건축한 사찰 계광원이 끄떡없었던 이유입니다.

세계에서 두 번째로 오래된 기업도 역시 일본에 있습니다. '호시료칸'이란 호텔 업종입니다. 일본 이시카와현 온천 지역의 이 회사는 서기 718년에 설립돼 46대째 이어오고 있습니다. 세계에는 설립된 지 200년이 넘는 기업이 5천여 개쯤 된다고 합니다. 이 중 절반이 훨씬 넘는 3,185개가 일본 기업이라니 대단합니다. 일본에는 1천 년이 넘는 기업이 7개, 500년 이상이 32개, 200년 이상이 3,146개, 100년 이상이 약 5만 개나 됩니다. 그 뒤를 독일이 837개, 네덜란드가 222개, 프랑스가 196개, 러시아가 149개, 오스트리아가 142개, 이탈리아가 104개, 스위스가 73개, 스웨덴이 69개, 중국이 58개, 스페인이 43개 순으로 100년 이상 이어져온 기업을 가지고 있습니다(2008년 한국은행 41개국 대상 조사). 우리나라에는 2014년 현재 80년을 넘긴 회사가 85개에 불과합니다. 1896년에 문을 연두산과 1897년에 설립된 동화약품공업 등 7개 회사만이 100년을 조금 넘었을 뿐입니다.

CEO의 리더십은 기업 성장의 결정적 요인입니다. 프랑스, 이탈리아의 포도주 업체나 유리·귀금속가공업체 등이 그 좋은 예입니다. 일본의 전통과자업체나 종이업체 등도 마찬가지입니다. 대대로 이어온 장인정신이 곧 장수 기업의 비결입니다.

대기업으로 넘어오면 이야기가 달라집니다. 순전히 장인정신하나로만 그렇게 오랫동안 기업을 유지할 수는 없습니다. 2017년 대한상공회의소의 보고서에 따르면 우리나라 코스피 상장기업 686개의 평균수명은 약 32.9년입니다. 영국의 경제 전문 잡지 〈이코노미스트〉는 "1970년대 〈포춘〉 500대 기업 가운데 1983년까지 3분의 1의 기업이 인수·합병되거나 부도로 무너졌다"라고 말합니다. 비슷한 내용으로 "1955년 〈포춘〉지가 선정한 500대 기업 중 현재까지 유지되고 있는 기업은 12퍼센트에 불과하다"라는 통계도 있습니다. 또한 1964년 'S&P 500대 기업 평균수명'은 33년이었던 것이 2016년에는 24년으로 단축되고, 다가오는 2027년에는 12년으로 급감할 것이라고 합니다. 하기야 지난 20세기라고 세계적 대기업의 수명이 길었던 것은 아닙니다. 도쿄대학교 기업역사학자인 레슬리 한나는 "20세기 대기업들의 평균수명은 75년에 불과했다"라고 말합니다.

그렇다면 장수 기업은 어떻게 오랫동안 살아남을 수 있었을까요? 아리 드 호이스라는 장수 기업 전문가의 말을 들어보면 고개가 끄덕여집니다. 그는 오랜 연구 끝에 세계적인 장수 기업의 네 가지 공통점을 찾아냈습니다.

첫째, 환경변화에 민감했다. 느리지만 다양한 방법으로 정보를 입수하여, 새로운 움직임을 포착하면 즉각 반응했다. 핵심 사업은 시대에 따라 바꿔나갔다. 위기 앞에서 미리 스스로 변했다.

둘째, 유연하고 포용력이 있었다. 변화를 위해 구성원들의 새로운 시도를 장려했으며, 다양성에 문호를 개방했다. 자기 사업 분야를 넘어서는 한계 영역에서의 활동을 폭넓게 허용했다.

셋째, 결집력이 강했다. 직원들은 자신이 회사의 구성원인 점에 자부심을 품었다. 각각이 독립된 배이면서 동시에 선장이라고 생각했다. 이들이 힘을 합치면 부분의 합보다 더 강력한 힘을 발휘했다. 장수 기업은 강한 기업문화를 보유했다.

넷째, 돈 관리에 매우 보수적이었다. 이들 기업은 대부분 근검절약이 몸에 배어 있고, 자본 구조를 위태롭게 하는 모험을 하지 않았다. 장수 기업은 모두 구두쇠였다.

저는 듀폰 같은 회사가 바로 롤 모델이 될 수 있다고 생각합니다. 듀폰은 1802년 화학회사로 출발해 19세기 내내 그 분야에서 돈을 벌었습니다. 그중 1880년 다이너마이트 생산은 듀폰을 단단한 반석 위에 올려놓았습니다. 그것을 기반으로 듀폰은 과감한 변신을 시도합니다. 1903년 중앙연구소를 세운 뒤 화학·섬유회사로 탈바꿈한 것입니다. 1935년 나일론, 1946년 테플론(달라붙지 않는 성질의 고분자물질로 테팔 등을 탄생시킴), 1962년 탄성섬유 라이크라(섬유의 반도체), 1965년 아라미드섬유 케블라 등 히트작을 잇달아 내놓은 것이 대표적인 변신입니다.

21세기 엉뚱하게도 농업·생명과학회사로 변신합니다. 2001년 기존 화학섬유 제품 매출이 전년 대비 35억 달러나 급감하자, 듀폰은 종업원 8만 명을 내보내며 뼈를 깎는 구조조정을 단행했습니다. 큰 수익을 내는 알짜 석유회사도 미련 없이 팔아버렸습니다. 그러고는 세계 유수의 종자회사와 식품회사를 잇달아 인수했습니다. 농약 전문 화학기업 그리핀, 식품첨가제 기업 솔래, 세계적 효소 회사 덴마크 다니스코 등이 바로 그런 기업들입니다. 요즘 듀폰은 더 이상 화학섬유 제품을 내놓지 않습니다. 대신 옥수수로 만든 바이오섬유 제품 등을 선보이고 있습니다. 도대체 듀폰의 변신의 힘은 어디서 나오는 것일까요? 이에 대한 해답은 2014년 코넬리 듀폰 부회장의 국내 언론 인터뷰에서 실마리를 찾을 수 있습니다.

> 3세기에 걸친 듀폰 변신의 힘은 과학적 역량이다. 우리는 사회에 큰 가치를 창출할 수 있는 과학 역량 개발에 집중하고 있다. 21세기에는 지금과는 다른 종류의 과학이 필요하다. 결국 사고의 다양성이 듀폰의 힘이라고 할 수 있다. (〈한국일보〉, 2014년 7월 20일 자 이메일 인터뷰)

저는 여기서 '다른 종류의 과학'이라는 대목에 주목합니다. 그것은 시대의 가치에 맞는 제품 개발을 뜻합니다. 제1, 2차 세계대전의 19세기에는 화약을 내세웠고, 대중이 등장한 20세기에는 값싸고 질긴 나일론 화학섬유로 주력 상품을 바꿨다는 말입니다. 자연스럽게 21세기에는 생명과 환경을 중요시하는 바이오 제품이 그 해답인 것입니다. 기업은 결코 세상과 따로 갈 수 없습니다. 더도 덜도 아닌 딱 반발자국만 앞서가면 된다고 생각합니다. 그게 바로 기업과 사회의 상생입니다. 기업과 세상이 가치를 공유하고 나아가는 것이 바로 '지속가능sustainability 경영'인 것입니다.

기업이 오랫동안 살아남으려면 어떻게 해야 할까요? 결국 해답은 끝없는 변신입니다. 하지만 그게 참 막연합니다. 변화하려면 혁신과 창조가 있어야 하는데, 그게 어느 날 갑자기 하늘에서 떨어지는 건 아니니까요. 그래서 혁신은 가장 익숙한 곳에서 일어날 확률이 높습니다. 잘 알거나 잘할 수 있는 영역에서 혁신이나 창조가 일어나기 쉬운 것입니다.

애플이 2007년 최초로 스마트폰을 내놓을 수 있었던 것도 애플이 컴퓨터를 만드는 회사였기 때문입니다. 또한 혁신은 다양한 사람들이 협력하는 가운데 가장 자주 일어납니다. 이것이 열정적인 대화와 토론이 필요한 이유입니다. 활발한 토론과 공개적인 의견 불일치가 좋은 의사결정의 기초가 됩니다. 사람은 생각과 의견이 다를 수밖에 없습니다. 이를 통해 다양한 접근을 해볼 수 있고, 개선할 수도 있습니다.

조동성 교수는 "창조란 더하고 곱하는 것뿐만 아니라, 빼고 나누는 것도 창조"라고 말합니다. 1912년 슘페터가 말한 '창조적 파괴'란 용어와도 일맥상통하는 이야기입니다. 창조에는 사회구조의 해체가 수반될 수밖에 없습니다. 그런 다음에야 창조적 통합이 이루어지니까요. 프랑스 철학자 뤼크 페리의 '파괴적 혁신'이란 개념과도 크게 다르지 않습니다. 자동차가 나오면 마차는 사라지기 마련입니다. 일단 조동성 교수의 이야기를 들어보겠습니다.

> 기업의 덧셈식 창조는 혁신을 반복적으로 진행하면서 이를 결합한 '우직한 창조'이다. 뺄셈식 창조는 가진 것을 버리면서 생긴 공간을 새로운 아이디어가 채우면서 '창조적 파괴'(슘페터)가 일어나는 것을 의미한다. 곱셈식 창조는 기존 사업에 새로운 축을 추가해 큰 사업 기회를 새롭게 만드는 융합을 가리킨다. '정교한 창조'라고 할 수 있다. 나눗셈식 창조는 기업이 속한 다양한 사회의 최대공약수를 찾는 작업으로 모든 구성원이나 구성 조직이 따라야 할 기준이나 원칙을 갖추는 통섭이다. '스마트한 창조'가 바로 이것이다. (《세종 20년 이야기》, '제8화 변화와 변신')

사람이나 기업이나 안주하거나 자만하면 반드시 탈이 납니다. 코닥은 1880년 출범 이래 세계 필름 시장을 이끌고 왔습니다. 일찌감치 디지털카메라까지 만들어놓고 콧노래를 불렀습니다. 양손에 떡을 쥐고 뭘 먹을까 하는 즐거운 고민에 빠졌습니다. 하지만 그 선택은 '안전빵' 필름 사업이었습니다. 우선 먹기는 곶감이 좋으니까요. 그러다 1990년대에 디지털카메라 열풍이 불면서 코닥의 필름 사업은 반토막이 났습니다. 허겁지겁 디지털 사업에 뛰어들었지만 때는 이미 늦었습니다. 2012년 1월 코닥은 그렇게 시장에서 사라졌습니다. 과거의 영광에 사로잡혀 세상의 흐름을 읽지 못한 탓입니다. 만약 듀폰이라면 잘나가던 필름 사업을 단호하게 정리하고, 디지털카메라 쪽에 새로운 플랫폼을 만들어 이끌어갔을지도 모릅니다.

노키아도 세상의 흐름에 둔감했던 경우입니다. '범생이'들이 흔히 겪는 사례라고 할 수 있습니다. 노키아는 스마트폰이 나오기 전 세계 휴대전화 시장을 40퍼센트 넘게 장악하고 있었습니다. 핀란드 국내총생산의 25퍼센트를 노키아가 차지할 정도였습니다. 2007년 6월 아이폰이 첫선을 보였을 때도 노키아는 크게 신경 쓰지 않았습니다. 하던 대로 휴대전화 생산에 온 힘을 쏟았습니다. 달콤한 관성의 함정에 빠진 것입니다. 그렇게 노키아도 2013년 휴대전화 사업을 접어야 했습니다. 아이폰 등장 이후 불과 6년 만의 일입니다. 애플은 휴대전화를 손바닥 위의 컴퓨터로 만들 생각을 했고, 노키아는 최고의 통신기기로 업그레이드할 생각만 했습니다. 그 결과 애플은 세계 최초로 스마트폰을 만들었고, 노키아는 피처폰 생산 라인을 확충했습니다.

물론 노키아는 그 후 뼈를 깎는 고통 끝에 네트워크 장비 사업에서 다시 글로벌 선두 기업으로 앞장서 나가고 있습니다. 본격적인 5G 시대를 맞아 지멘스네트워크와 알카텔루슨트 인수 등을 통해 경쟁력을 확보한 뒤 다시 선두권으로 치고 나간 것입니다.

노키아는 죽음의 계곡에서 줄타기를 하며 살아났습니다. 모든 데이터를 활용해 닥쳐올 수 있는 상황에 대한 시나리오를 만들었습니다. 그 시나리오를 바탕으로 눈앞에 있는 줄을 조심스럽게 타고 건너온 것입니다. (리스토실라스마 노키아 회장, 2019년 4월 10일, 연세대학교 '글로벌 CEO Talk Series' 특강)

기술의 소니가 몰락한 건 자만심 때문이라는 지적이 많습니다. 세계 최고 기술이라는 오만에 MP3 플레이어 대신에 독자 방식의 미니디스크MD를 고집했고, 2000년부터 한국 기업이 내놓은 LCD, PDP-TV를 우습게 봤습니다. 또한 세계 처음으로 LED-TV를 개발해놓고도 주력 제품 결정에 꾸물대다가 한국 기업들에게 시장 선점 기회를 빼앗겼습니다. 비디오게임기 플레이스테이션 시리즈로 대박을 터트렸지만, 그것도 닌텐도에 밀려 영업 적자로 돌아섰습니다. 소니의 자만과 고집이 스스로를 기술의 갈라파고스에 가둬버린 것입니다.

앞서 프랑스 철학자 뤼크 페리의 파괴적 혁신을 언급했습니다. 그런데 파괴적 혁신을 들고 나온 또 다른 학자가 있습니다. 클레이튼 크리스텐슨 미국 하버드경영대학원 교수가 그 주인공입니다. 그의 파괴적 혁신 개념은 뤼크 페리의 그것과는 전혀 다릅니다. 크리스텐슨 교수는 1997년에 펴낸《혁신기업의 딜레마》라는 저서에서 '존속적 혁신'과 '파괴적 혁신'이라는 두 가지 혁신 프로세스를 제시했습니다.

크리스텐슨 교수의 파괴적 혁신은 '대륙의 실수'라고 불리던 샤오미의 스마트폰 사례가 대표적입니다. 처음 가성비를 앞세워 비주류 시장을 잠식한 뒤, 그 후 주류 시장에 진출하여 마침내 그 존재감을 뚜렷이 한 것입니다. 삼성전자도 처음에는 세계 비주류 시장에서 그 이름을 높였다가, 오늘날 주류 시장에서 선두를 달리고 있습니다. 컴퓨터 시장에서 미니컴퓨터와 PC도 처음에는 메인 프레임의 위세에 그 시장이 미미했습니다. 하지만 오늘날 그 시장 판도는 역전됐습니다.

문제는 이러한 파괴적 혁신이 자아도취 현상을 일으킨다는 데 있습니다. 비주류 시장에서 성공했다고 주류 시장에서 성공한다는 보장은 없습니다. 한때 성공했던 기업이 쉽게 실패하는 이유입니다. 시장은 수시로 변하는데, 그에 맞추지 않고 예전의 성공 방식대로 너무 열심히 하다가 그만 그 덫에 걸리고 맙니다. 한때의 성공 방식은 어느 정도까지는 유효하지만, 그것이 교조화되고 유연성을 잃는 순간 어두운 그림자가 드리우기 시작하는 것입니다. 원래 사람이나 조직은 새로운 시도보다는 기존 방식을 따르려는 경향이 있습니다.

피터 드러커는 기업의 혁신에 대해 어떻게 접근을 했을까요? 그는 우선 기업의 ①사명mission ②환경environment ③역량competency의 세 가지 관점을 제시합니다. 이 세 가지 시각에서 끊임없이 기업 스스로 되새겨봐야 한다는 것입니다. 그리고 "3년마다 제품, 서비스, 경영방식, 기술 등 자신의 모든 것을 체계적으로 폐기systematically abandon하라"라고 말합니다. 사람의 몸이 끊임없이 새로운 세포로 갈아치우듯이, 그렇게 해야만 살아남을 수 있다는 이야기입니다. 가령 기업이 어떤 분야에서 그 사명을 다했으면, 새로운 영역으로 진출해야 합니다(인력거 → 마차 → 자동차산업). 또 기업 환경이 변했으면, 그 새로운 환경에 적응해야 합니다. 마지막으로, 앞의 두 가지가 충족된 기업이라도 자신의 내부 역량을 끊임없이 끌어올려려야 합니다. 실력이 따라주지 않으면 안 되니까요.

2018년 영국의 브랜드파이낸스가 조사한 세계 TOP5 브랜드는 아마존, 애플, 구글, 삼성, 페이스북의 순이었습니다. 또 우리가 흔히 'FAANG'이라고 부르는 글로벌 대표 IT 기업도 거의 비슷합니다. 이는 페이스북, 아마존, 애플, 넷플릭스, 구글의 첫 자를 딴 줄임말인데, 세계 TOP5 브랜드에서 제조업 전문기업인 삼성이 빠지고, 넷플릭스가 들어간 것만 다릅니다. 어쨌든 이들 기업이 세상을 재빠르게 바꾸고 있습니다.

여기에 중국의 아마존이라고 할 수 있는 알리바바와 세계 최고의 게임업체인 중국의 텐센트 정도를 보태면 세계 7대 플랫폼 기업이라고 할 수 있습니다. 즉 '아마존, 애플, 구글, 페이스북, 마이크로소프트, 알리바바, 텐센트'의 7개 기업이 세상을 호령하고 있습니다. 2018년 이들의 시가총액은 무려 4조 4천억 달러(약 5천조 원)를 넘었습니다. 우리나라 코스피, 코스닥 기업들의 시가총액인 2천조 원의 두 배가 넘습니다. 아마존, 애플, 페이스북, 구글 등 4개 사의 2017년 시가총액만 해도 2조 8천억 달러나 됩니다. 이는 인도, 영국, 프랑스의 GDP보다 큰 규모입니다.

아마존은 인간의 소비생활을 바꾼 기업입니다. 사고 싶다는 생각이 들면 마치 게임을 하듯 스마트폰 버튼을 누르면 됩니다. 우리의 숨겨진 소비 욕망을 각자의 클릭 기록에서 찾아내어 원하는 제품까지 소개해줍니다. 아마존은 제프 베조스가 1994년 시애틀에 온라인 가게를 연 것이 그 시작입니다. 그 후 22년 만인 2016년, 매출액이 무려 1,200억 달러에 이르렀습니다. 월마트가 1962년에 설립된 지 35년 만인 1997년에 올린 1,120억 달러보다 더 많습니다. 아마존은 '세상의 모든 것을 판다'는 모토하에 '지구상에서 가장 큰 매장Earth's Biggest Store'임을 자랑합니다.

애플은 2007년 최초로 스마트폰을 만들어 새로운 디지털 문명을 창조했습니다. 인류로 하여금 손안에 휴대용 슈퍼 컴퓨터 한 대씩을 쥐어준 셈입니다. 창업자이자 괴짜인 스티브 잡스는 전자제품에 감성과 예술을 입혀 자기만의 우주를 만들었습니다. 아이폰, 아이팟, 아이튠즈, 애플스토어, 아이패드…. 소비자들은 열광했고, 스스로 '애플 팬덤'이 되어 아이폰 생태계를 떠받쳤습니다. 마치 방탄소년단의 팬 군단 아미Army처럼 지구촌에 애플 신드롬을 일으킨 것입니다. 사실 애플 제품은 비용을 많이 들인 게 아닙니다. 그런데도 사치품처럼 비싸게 팔았습니다. 저비용 제품을 프리미엄 가격에 판매하는 것입니다. 이것을 스콧 갤러웨이 교수 같은 이는 "도요타 자동차처럼 대량생산하여 페라리 수준의 높은 이윤을 남긴다"라고 말합니다.

페이스북은 전 세계인의 친구라고 할 수 있습니다. 무슨 대단한 콘텐츠가 있는 것도 아닙니다. 그냥 사람과 사람을 서로 연결해주고, 마음껏 이야기할 수 있도록 사랑방을 만들어준 것뿐입니다. 그런데도 2017년 기준 전 세계 20억 명이 하루 60분씩 페이스북(왓츠앱, 인스타그램 포함)에 시간을 바칩니다. 페이스북을 통해 인간관계를 맺고, 시시콜콜한 감정을 표현하며, 인스타그램을 통해 사랑을 속삭입니다. 여태까지 인간이 맺어왔던 사랑이니 우정이니 하는 개념들을 새롭게 정의하고 있는 것입니다. 새로운 관계는 새로운 시장을 만들고, 그러한 시장은 새로운 비즈니스를 만들기 마련입니다.

구글은 모든 것에 응답하는 21세기의 신입니다. 모르는 게 없는 만능 신입니다. 여태까지의 아무리 기도하고 갈구해도 신들은 대답하지 않았습니다. 그러나 구글에게 물으면 반드시 즉각 대답이 돌아옵니다. 말도 아닌 것을 물어도 타박하지 않을뿐더러 아무리 시시콜콜한 것을 물어도 화내지 않고 친절하게 답해줍니다. 장소나 시간도 전혀 구애받지 않습니다. 요즘은 아예 유튜브 동영상으로 보여줍니다. 예전엔 글자를 통해 인간의 뇌가 배웠다면, 요즘은 구글의 동영상을 통해 학습합니다. 기성세대의 인식 방법과 요즘 신인류의 배우는 과정이 완전히 다릅니다. 뇌의 인식 과정 자체가 다르니, 같은 인간이지만 '종種이 다르다'고까지 하는 사람도 있습니다.

세계 4대 플랫폼 기업들의 폭풍 성장의 원인은 무엇일까요? 인간의 본능을 읽고, 철저하게 그에 맞췄다는 데 있습니다. 스콧 갤러웨이 교수가 《플랫폼 제국의 미래》에서 지적한 것처럼 "성공한 모든 사업은 인간의 뇌, 심장, 생식기라는 신체의 세 부위 가운데, 적어도 하나에 반드시 자신의 매력을 호소해야 한다"라는 원칙에 따른 것입니다. 즉 구글은 뇌에 맞추었고, 아마존은 인간의 수렵·채집 본능과 뇌 사이의 연결점 역할에 중점을 두었다는 이야기입니다. 페이스북은 인간의 심장에 호소를 하고, 애플은 초창기에는 머리, 즉 기술 분야에 초점을 맞추었다가 점점 몸통 쪽으로 내려갔다는 것입니다. 애플의 과시적인 사치품 브랜드는 인간의 성적 욕구에 호소한다는 말입니다.

어쨌든 이들은 세상의 패러다임을 바꿨습니다. 구글은 인간의 뇌가 더 이상 단순한 암기를 하지 않도록 만들었습니다. 생각의 프로세스를 완전히 바꾼 것입니다. 아마존은 인류 소비 욕망의 패턴을 바꾸어놓았습니다. 머릿속에 떠오르는 상품을 실시간으로 구매

하는 디지털 소비문명 세상을 만든 것입니다. 페이스북은 인간의 정체성을 수립할 또 하나의 공간을 마련해주었습니다. 우리가 누군가에게 받아들여지고 사랑받는다는 행복감을 안겨주었습니다. 애플의 스티브 잡스는 인간의 유희 본능을 자극하여 모두의 손안에 초소형 슈퍼 컴퓨터를 쥐어주었습니다. 그리하여 인류를 한순간에 스마트폰 문명으로 옮겨놓았습니다. 이제 스마트폰은 인간의 신체 일부와도 같은 존재가 되었습니다. 스마트폰의 배터리가 방전되는 순간 인간의 신체 일부도 마비되는 것 같은 상황에 이른 것입니다.

4

세상을
연결하라

기업에서 가장 중요한 것은 무엇일까요? 바로 이익을 내는 것입니다. 일단 이익을 내야 그 회사가 생존할 수 있으니까요. 그래서 "사장이 책임질 것은 회사의 성공이 아니라 생존이다"라든가 "직원은 실패해도 사장은 실패할 수 없다"라는 말이 생겼을 것입니다. 흔히 기업은 "직원에게는 더 많은 기회를, 고객에게는 더 많은 가치를, 주주에게는 더 많은 수익을 제공해야 한다"고 말합니다. 그렇습니다. 그러려면 끊임없이 성장해야 합니다.

하지만 이익보다 더 중요한 것이 있습니다. 기업문화, 조직문화가 바로 그것입니다. 기업은 때로는 어쩔 수 없이 손해가 날 수도 있습니다. 그렇지만 기업문화가 능동적이고 건강하다면 크게 걱정할 필요가 없습니다. 금세 되살아날 테니까요. 조직문화가 알

차고 튼튼한 기업은 그 성장이 멈추지 않습니다.

기업문화란 그 조직 구성원들에게 '공유된 가치관', '평균적 패러다임' 같은 것입니다. 눈에 보이지는 않지만 '기업의 DNA'라고나 할까요. 사람들은 어떤 기업을 설명할 때 자본금의 규모나 직원수 혹은 매출 구조, 수익, 주식 가치 등을 이야기합니다. 심지어 그 기업의 본사 건물이 얼마나 크고 좋은지 등도 화제에 오릅니다. 그 기업의 조직문화가 어떤지에는 전혀 관심이 없습니다. 인수·합병을 할 때나 앞선 기업을 벤치마킹할 때도 마찬가지입니다. 수치로 나타난 지표 등에는 관심을 가지지만, 정작 그 조직문화에는 눈길조차 두지 않습니다.

경쟁자가 모방하기 가장 어려운 것이 바로 '소프트 파워'입니다. 그것은 돈으로도 수치로도 환산할 수 없습니다. 갤럽이 해마다 조사하는 기업의 직원 참여도 조사를 보면 거의 대동소이합니다. 자신이 업무에 '몰입한다'고 생각하는 직원 비율은 변함없이 30퍼센트 밑을 맴돌고, 50퍼센트는 '적당히 한다', 17퍼센트 이상은 '회피한다'고 대답했습니다. 실제 열심히 일하는 직원은 30퍼센트도 채 안 된다는 이야기입니다. 또 다른 통계를 보면 직원 참여가 높은 조직은 영업이익이 19.2퍼센트 증가한 반면, 직원 참여가 낮은 조직은 32.7퍼센트 감소했다는 자료도 있습니다. 그만큼 조직문화가 중요합니다.

영국의 반도체 설계회사 ARM은 애플리케이션프로세서AP에 들어가는 기본 설계도면을 만들어 판매하는 회사입니다. 2016년 일본의 손정의 소프트뱅크 회장은 ARM의 지분 100퍼센트를 인수했습니다. 무려 234억 파운드(약 35조 원, 주당 인수 가격 17파운드)에 사들인 것입니다. 당시 주가보다 43퍼센트 이상의 웃돈을 준 놀라운 가격이었고, 현금으로 일시 지불하기까지 했습니다. 왜 손정의 회장은 연간 이익이 1조 8천억 원 안팎에 불과한 회사에 이렇게 막대한 대가를 지불했을까요? 그는 ARM을 인수한 후 "ARM을 M&A한 것이 아니라 패러다임을 M&A했다"라고 말했습니다. 참으로 의미심장한 말입니다.

아마존의 핵심가치는 '커스터머 퍼스트Customer First' 즉 소비자가 으뜸이라는 것입니다. 그래서 더 낮은 비용, 더 넓은 선택폭, 더 빠른 배송을 위해 목숨을 겁니다. 가령 2015년 아마존은 배송에 70억 달러를 쏟아부었습니다. 그러다 보니 배송 쪽 손실만 무려 50억 달러에 이르렀습니다. 하지만 그해 아마존은 전체적으로 24억 달러의 이익을 냈습니다.

아마존은 고객을 위해서는 막대한 돈을 쓰지만 직원에게는 '천하의 짠돌이'로 유명합니다. 우선 인턴부터 회장까지 모든 임직원이 문짝을 떼어 만든 '도어 데스크'를 씁니다. 제프 베조스가 집 차고에서 창업했을 당시 집 문짝을 떼어 책상으로 쓴 일화에서 유래했다고 합니다. 그게 곧 아마존의 상징이자 아마존 정신, 아마존 문화라고 할 것입니다.

아마존은 직원들의 평균 근속 기간이 겨우 1년을 조금 넘습니다. 해고가 자유로워 무능함이 드러나면 바로 책상이 없어집니다. 또한 경쟁이 치열해 스스로 그만두는 사람도 많습니다. 직원 복지도 다른 기업에 비해 열악한 편입니다. 구글이나 페이스북은 직원에게 무료로 제공되는 화려한 음식과 음료 그리고 럭셔리한 체육 시설, 휴식 공간 등이 화제이지만, 아마존의 기본 점심 메뉴는 보통 10달러가 약간 넘는 수준이고, 그것도 외주업체가 운영합니다. 그런 데 드는 비용을 아껴서 고객에게 쓰겠다는 것입니다. 심지어 마실 것도 드립커피와 차만 무료로 제공하고 이마저도 공용 머그잔을 쓰도록 합니다.

아마존은 TV 광고와 같은 마케팅을 하지 않기로 유명합니다. 브랜드 광고도 전혀 없습니다. PPT도 쓰지 않습니다. 겉만 화려하지 속 빈 강정 같은 발표 방식이라는 것입니다. 대신 6쪽 분량의 글로 쓰는 '보고서 표준'을 만들었습니다. 이것도 기사 형식으로 써야 합니다. 기자처럼 수요자 관점에서 생각하라는 뜻입니다. 정답을 맞히는 데만 능숙한 한국식 인재는 들어가기 어렵습니다. 아무리 스펙이 좋아도 소통이 부족하거나 인간적 감성이 모자라면 가차 없이 퇴출됩니다.

구글의 모토는 '사악해지지 말자Don't be evil'입니다. 그렇게 세상의 모든 정보를 조직화하겠다는 것입니다. 전 세계 도서관의 책을 모두 디지털화하여 누구나 인터넷을 통해 이용하게 하겠다는 궁극적 목표는 출발할 때나 지금이나 똑같습니다. 한마디로 구글의 조직문화는 대학캠퍼스 문화와 비슷합니다. 사내에 비치발리볼장이 있고, 닭튀김이 간식으로 제공되고, 터치패드로 작동하는 화장실 등 곳곳에 발랄함이 가득합니다. 한마디로 개방과 자율로 상징되는 젊은이의 문화인 것입니다.

구글은 신입사원부터 CEO까지 문서를 공유하면서 일합니다. CEO의 공식 일정까지 전 직원이 투명하게 공유합니다. 구글은 군대식 상명하복의 위계질서가 전혀 없습니다. 그런데도 잘만 돌아갑니다. 모든 구성원의 뇌가 온라인을 매개로 신경처럼 연결되어 하나의 팀처럼 일하고, 하나의 슈퍼브레인처럼 사고합니다. 이런 협업문화가 뿌리 깊게 자리 잡고 있는 것입니다. 바로 이런 조직문화가 삐딱하고, 말 많고, 괴팍스러운 슈퍼 인재들을 이끌고가는 힘입니다.

구글은 수익을 우선으로 하지 않습니다. 사용자의 이익을 최우선으로 합니다. 그래서 구글의 검색은 모두 무료입니다. 일반 기업이 수익성을 먼저 고려한 다음에 제품을 생산하는 방식과는 반대입니다. 구글은 새로운 아이디어와 혁신이 먼저이고, 그다음 수익창출을 생각합니다. 그래서 구글에는 마케팅이 필요하지 않습니다. 이런 면에서 반도체 회사 텍사스 인스트루먼트도 비슷합니다. 이 기업은 "우리가 만약 이익과 윤리가 상충되는 판단을 내려야 할 때는 이익을 포기한다"라고 규정하고 있습니다.

구글은 모든 직원에게 업무시간의 20퍼센트는 무엇이 됐든 자신이 가장 관심 있는 아이디어를 연구하도록 권장합니다. 막말로 업무시간의 20퍼센트는 '딴짓'을 하라는 것입니다. 이렇게 구글은 세상의 문제를 어떻게 해결할 것인가 끊임없이 근본적인 질문을 던지고 있습니다.

사실 오늘날의 애플은 스티브 잡스 혼자 만든 것이 아닙니다. 스티브 잡스도 많은 실수를 저질렀습니다. 그때마다 애플 직원들이 나서서 잡스의 오류를 지적하고 바로잡았습니다. 직원들은 괴팍한 천재 오너 스티브 잡스 앞에서도 전혀 두려워하지 않고 자신의 의견을 피력했습니다. 바로 그런 당당하고 창의적인 기업문화가 애플 신화를 만든 것입니다. 사람들은 '애플은 세상에서 가장 혁신적인 회사'라고 말합니다. 또한 '아마존은 가장 평판이 좋은 회사', '페이스북은 가장 일하기에 좋은 회사'라고 생각합니다. 그리고 '구글은 가장 신뢰감이 가는 회사' 즉 믿음직한 회사라고 여깁니다. 이는 모두 기업의 조직문화가 쌓이고 배어 나와 형성된 이미지일 것입니다.

건강한 조직문화란 하루아침에 만들어지지 않습니다. 그렇다고 시간만 흐른다고 되는 것도 아닙니다. 그것은 기업 구성원들의 많은 노력과 커뮤니케이션이 쌓여야 가능한 일입니다. 그래야 신뢰가 형성되고, 그 바탕 위에 그 조직만의 독특한 문화가 꽃피는 것입니다. 그 시작은 자주 만나서 소통하는 것입니다. 하지만 그게 말이 쉽지 간단하지 않습니다.

흔히 성별에 따라 의사전달 방법이 판이하게 다르다고 합니다. 생각하고 느끼고 사용하는 언어가 서로 다르다는 것입니다. 똑같은 말이라도 여자가 이해한 것과 남자가 이해한 것은 전혀 다를 수 있습니다. 어쩌면 부부싸움의 90퍼센트 이상은 이러한 '말의 해석'을 둘러싸고 벌어지는 것이라고 할 수 있습니다. 남편들치고 "난 그런 뜻으로 얘기한 게 아닌데 왜 그렇게 엉뚱하게 생각하느냐"라며 아내와 말다툼 한번 해보지 않은 사람은 아마 없을 것입니다. 마찬가지로 이 세상의 아내들치고 "당신이 나를 그렇게 무시할 수 있느냐"라며 남편을 원망해보지 않은 사람은 아마 없을 것입니다. 커뮤니케이션은 정말 어렵습니다.

조직문화란 한마디로 커뮤니케이션 문화라고 할 수 있습니다. 조직문화의 성패는 구성원들이 서로 자신의 뜻을 얼마나 상대방에게 감동적으로 전달하느냐에 달려 있습니다. 아니, 상대방의 말을 얼마나 잘 들어주느냐에 달려 있습니다. 흔히 사람들은 자기 이야기만 일방적으로 끝낸 뒤 상대방과 충분히 대화를 나누었다고 말합니다. 그러나 말하기보다 듣기가 훨씬 더 중요합니다. 보통 인간은 1분에 약 150개의 낱말을 말할 수 있는데 이와 비교해 들을 수 있는 단어는 무려 1분에 600개 정도나 됩니다.

상대방의 이야기를 잘 들어준다는 것은 일단 그 사람을 신뢰한다는 뜻입니다. 물론 의사전달 수단도 중요합니다. 여기에는 '몸짓 언어'와 '느낌 언어'도 있습니다. 구기운동의 경우 공이 하나의 언어입니다. 축구경기에서는 축구공으로 동료 선수와 커뮤니케이션을 합니다. 농구경기에서는 농구공으로 대화를 나눕니다. NBA의 명장 필 잭슨은 이렇게 말합니다.

> 위대한 농구팀에는 신뢰감이 형성되어 있다. NBA의 많은 팀들을 보면서 선수들이 공을 못 받을 것이라고 여겨지거나 공을 받기에 적합하지 않다고 생각되는 선수에게는 어느 누구도 패스하지 않는다는 것을 알게 됐다. 하지만 위대한 팀은 누구에게나 패스를 한다. 농구선수에게 공은 커뮤니케이션의 도구이므로 말과 같은 존재이다. 위대한 팀이라면 만약 누군가 공을 잘못 받아서 공이 아웃되더라도 다시 그 선수에게 공을 패스한다. 그럼으로써 모두가 그를 신뢰하고 있다는 뜻을 전달하여 그 스스로가 보다 자신감을 갖고 더 잘할 수 있도록 도와주는 것이다. 요컨대 커뮤니케이션에 의해서 구축된 신뢰야말로 위대한 팀을 만들어낸다.

피터 드러커는 저서 《미래경영》(청림출판, 2002)에서 커뮤니케이션의 중요성에 대해 다음과 같이 말합니다.

> 커뮤니케이션이란 '소리'와 '기대'이다. 그러나 소리는 누군가 듣는 사람이 없으면 소리가 없는 것과 같다. 커뮤니케이션도 그렇다. 발

신자가 아무리 발신을 해도 수신자가 듣지 않으면 커뮤니케이션은 없는 거나 같다. 대체로 사람들은 모두 자신이 보고자 하는 것만을 보며 듣고자 하는 것만을 듣는다. 수신자가 바라지 않았던 것은 보이지 않고 들리지 않으며 오직 무시당하거나 잘못 이해되기도 한다.

소크라테스는 '사람은 다른 사람과 말을 할 때 듣는 사람의 경험에 맞추어 말해야만 한다. 예를 들어 목수와 얘기할 때는 목수가 사용하는 말을 써야 한다'고 말했다. 따라서 커뮤니케이션은 발신자가 수신자의 언어 혹은 수신자가 사용하는 용어로 말할 때에만 이루어질 수 있다. 또한 수신자가 무엇을 기대하고 있는지 알아야 커뮤니케이션이 효과적으로 이루어질 수 있다. 수신자의 기대를 깨트려 '각성'을 하게 할 필요가 있을 때의 커뮤니케이션과 수신자를 설득하려 할 때의 커뮤니케이션은 분명 접근 방법부터 다를 것이다.

커뮤니케이션은 '정보'와 전혀 다르다. 커뮤니케이션이 '지각'인 반면 '정보'는 논리이다. 정보는 정서, 가치관, 기대, 지각 같은 인간적인 속성이 없을수록 그 신뢰성이 높아진다. 이에 비해 가장 완벽한 커뮤니케이션은 어떠한 논리도 필요 없는 '순수한 경험의 공유shared experience'이다.

커뮤니케이션은 '논리'가 아닙니다. 정서, 가치관, 기대, 지각과 같은 인간적인 속성에서 코드가 맞을수록 커뮤니케이션은 잘 이루어집니다. 커뮤니케이션에는 '정서의 공유, 경험의 공유'가 무엇보다 중요합니다. 그러려면 서로 대등한 관계이어야 합니다. 오늘날 모든 조직에서 조직원은 더 이상 명령과 복종의 관계에 있지 않습니다. 구글의 문화에서 보듯이 조직원은 파트너입니다. 그들은 자신들의 영역 내에서는 스스로 결정하기를 바랍니다. 따라서 그들을 이해시키고 설득해야만 합니다.

피터 드러커는 조직원들을 "비영리단체에서 일하는 자원봉사자처럼 대하고 관리하라"라고 말합니다. 2003년 3월 노무현 대통령 취임 초기 당시 평검사들과의 대화가 시종 평행선을 달린 것도 '정서의 공유, 경험의 공유'가 없어서입니다. 서로 논리로만 자신의 뜻을 내세우려고 했기 때문입니다. 똑같은 단어를 사용해도 노 대통령이 이해하는 뜻과 검사들이 이해하는 뜻은 다릅니다. 더구나 그 토론회는 형식이야 어떻든 대통령과 평검사라는 수직적 관계에서 이루어졌습니다. 모든 리더는 조직원이 말하는 단어의 '뜻'을 이해하려고 하기보다는 말과 말 사이의 '틈'을 잘 헤아려야 합니다.

선禪에 심취한 필 잭슨 감독은 이런 면에서 도사입니다. 그는 "감독은 우선 선수들의 이야기를 비판 없이 들어야 한다. 상황이나 이해관계에 상관없이 한쪽에 치우치지 않은 열린 마음으로 들어주는 연습을 해야 한다. 팀원들의 몸짓 언어를 잘 살펴보고 '말과 말 사이의 침묵'을 주목해야 한다"라고 말합니다.

말과 말 사이의 침묵을 헤아리면 커뮤니케이션은 물 흐르듯이 흐르게 되어 있습니다. 활자로 오가는 커뮤니케이션에는 피도 눈물도 없으며 인간관계를 강파르게 만듭니다.《밀레니엄맨 칭기스칸》(꿈엔들, 2005)에서도 이를 언급합니다.

나는 인의 장막을 쳐놓고 거드름을 피우지 않았다. 말단 병사도 나를 부를 때는 이름만 부르면 됐다. 난 내 뺨에 화살을 쏜 적이나 포로까지 만나 함께 일하려고 애를 썼다. 나는 사나이답게 호탕하게 살았으므로 그것으로 족하다.

직장 내 부서 간의 칸막이는 구석기 시대 유물입니다. 580개 단어를 읽는 데 걸리는 몇 분 동안에도 전체 트위터 사용자는 근 35만 건의 트윗을 보냅니다. 인스타그램 사용자는 173만 개의 게시물에 '좋아요'를 누르고, 페이스북 사용자는 325만 건의 메시지를 보냅니다. 우물 안 개구리도 그런 개구리가 없는 것입니다.

대화란 나를 누군가에게 세일즈하는 것입니다. 세일즈는 곧 누군가의 마음과 행동에 영향력을 미치는 과정입니다. 단순히 '설득'이라는 하나의 단어로 표현할 수 없습니다. 마음의 문을 열고, 메시지를 상대에게 전달하고, 그가 고개를 끄덕이게 하고, 그 결과로 그에게 어떤 변화, 행동, 결심을 일으켜야 합니다.

'세종'이라는 단어가 끊임없이 나를 견제하고 격려합니다. 알을 깨고 새로운 세상으로 나아가는 것이 바로 저의 할 일입니다.

우보천리牛步千里. 우직하게 앞만 보고 정도경영, 윤리경영, 환경경영, 지속가능 경영을 해야 한다고 생각합니다. 기본을 갖춘 CEO나 기업은 고객에게 감동을 주고, 임직원에게는 즐거운 직장이 됩니다.

미래 기업상에 가장 가까이 있는 기업은 구글이라고 생각합니다. 구글의 장점은 개방과 자율에 있습니다. 구글은 인간 됨됨이를 가장 중요시합니다. 겸손한 리더십과 책임감 있는 사람을 으뜸으로 치는 것입니다. 직원들은 모두 주인의식으로 똘똘 뭉쳐 있습니다. 누가 뭐라 하는 사람이 없어도 다들 제 할 일을 알아서 합니다. 자유를 맘껏 누리며 일하지 않는 것처럼 보여도, 직원들의 창의력과 상상력이 들꽃처럼 만발하는 회사입니다. 모두가 철저한 개인주의자이면서도 동료애가 끈끈한 회사이기도 합니다.

저는 우리 세종이 구글과 같은 회사가 됐으면 좋겠습니다. 유연하고 열정적인 조직, 자율과 개방으로 끊임없이 진화하는 조직, 인간다운 조직, 인간의 감성을 꽃피우게 하는 조직, 사람을 인적자원이 아니라 파트너로 생각하는 조직…. 그 속에서 공상가 한 명이 세상을 바꿀 수 있다고 믿습니다. 그렇게 우리 세종이 구글을 뛰어넘는 글로벌 선도기업이 되기를 꿈꿉니다. 그러려면 모두가 부지런히 공부해야 합니다. 무엇이든 죽어라 공부하고, 서로 치열하게 토론해야 발전이 있습니다. 마치 대나무가 일정한 간격으로 매듭을 지으면서 한 계단씩 성장하듯이, 우리 세종도 끊임없이 공부해가면서, 자신과 회사의 성장을 이끌어야 합니다. 영원히 살 것처럼 배우고, 오늘만 살 것처럼 일하자!Discequiasisempervicturus, vive quasi crasmoritrus! 참으로 가슴 벅찬 말입니다.

인터넷의 본질은 연결입니다. 내가 가지고 있는 모든 것을 연결하고, 이웃과 연결하고, 직장과 연결하고, 나아가 전 인류를 연결하고, 우주를 연결하는 것이 앞으로의 세상입니다. 나도 없고 너도 없고 우리만 있는 세상입니다. 우리는 세상이라는 그물망의 한 그물코인 것입니다. 불교에서 말하는 '인드라망'(그물망)이 바로 그것입니다. 저는 작게 보면 세종이라는 그물망의 한 그물코이고, 크게 보면 온 세상만물이라는 그물망의 그물코입니다.

기업의 에너지는 어디서 나오는가. 저는 '자유'에서 나온다고 생각합니다. 이것은 '자연'과도 같습니다. 자연을 가꾸는 일은 더 좋은 세상을 가꾸는 일과도 같습니다. 자유 역시 마찬가지입니다. 자연과 자유는 이 세상을 변화시키는 유일한 도구입니다.

자본주의와 자유시장경제는 최대 다수의 최대 행복을 추구하는 공리주의功利主義 사상에서 그 해답을 찾을 수 있습니다. 우리는 이것을 자연에서 배울 수 있으며, 인간세상을 관리하는 것은 민중의 삶을 중심으로, 인본주의人本主義는 자유주의 사상을 최대한 기반으로 해야 합니다. 오늘날 존재하는 최대 다수의 최대 행복이란 경제 시스템은 민주주의, 자유시장경제, 자본주의라는 경제 시스템을 중심에 두고, 그 가치를 유지하고 개선해왔습니다.

우리가 살고 있는 우주는 47억 년 전에 창조되어 잠시도 쉬지 않고 운행하며 팽창하고 있습니다. 우리 인간은 언젠가부터 만물의 영장이 되어 마을과 조직, 국가를 이루고 지구촌에 정착하면서 태양계를 탐색하고 천지天地의 정원을 자연과 함께 가꿔오고 있습니다. 추운 겨울이 지나고 따뜻한 봄이 오고, 무더운 여름이 끝나고 나면 다시 서늘한 가을이 오고, 또다시 겨울이 옵니다. 이렇게 쉼없이 돌아가는 자연처럼 우리 인간도 자연의 순환을 본받아 한시도 쉬지 않고 배우며 노력해야 합니다(천행건군자이자강불식天行健君子以自强不息). 여기서 진정한 의미의 '자유'가 탄생합니다.

자유를 경영이라는 측면에서 가장 잘 활용하는 기업이 바로 구글입니다. 그들은 만 가지 자유, 만 가지 아이디어를 토론장에 내놓고 그중에서 선별하여 천 개로, 백 개로, 열 개로, 다섯 개로 압축해나갑니다. 늘 그러한 과정을 거쳐 인간사회에 천 가지, 만 가지의 영향을 미치는 가치를 찾아내고 기업의 미래를 열어갑니다.

저는 회사라는 틀 안에서 억지로 뭔가를 만들어내려는 욕심은 버렸습니다. 회사를 만들어서, 이런 제품을 만들어서, 이렇게 사업을 해나가려고 하니 모두 나를 따르라는 식의 경영 마인드는 내려놓으려고 합니다. 그보다는 자유에 내재된 팽창 에너지를 믿고자 합니다. 교육을 통해서, 그리고 기업문화를 통해서 직원들이 창의적으로 아이디어를 낼 수 있는 기반을 마련하는 것이 제가 추구하고자 하는 기업문화입니다.

경영자만 기업을 살리기 위해서 몸부림쳐야 하는 게 아닙니다.

직원도 기업을 살리기 위해서 함께 몸부림쳐야 합니다. 끊임없는 몸부림이 있어야 새로운 아이디어도, 혁신도 나오며, 그래야만 지속 가능한 기업도 가능하지 않을까요? 그러자면 직원 스스로 문제를 해결해야 합니다. 직원 중에서 정말 뛰어난 사람들이 나타난다면 우리 회사에는 큰 축복이 될 것입니다. 그들의 귀중한 잠재력이 직제에 눌리고 서열에 눌리지 않도록 하는 것이 바로 지금부터 제가 할 일입니다.

김형진의 공부경영
工夫經營

창업정신	**弘益人間**(弘承企業) 자연과 인간을 이롭게 하는 단군왕검의 뜻을 계승한다

경영철학	**創造, 共有**(世宗) 세종 나눔정신(공유가치 창출) – 자율과 집단지성

	人材經營	正道經營	創造經營
경영이념	자율	윤리	융합
	— 인재제일 — 혁신추구 — 성과보상	— 목적경영 — 책임경영 — 투명경영	— 인공지능 — 빅데이터 — 블록체인

세상이 미래를 생각할 때 우리는 미래를 만든다

총론總論

세종의 조직문화는 각자의 능력을 창의적으로 발휘하는 자율 속에서
소통과 협력으로 집단지성을 발휘하는 자연상태의 자유를 지속적으로 확
장하면서 에너지와 물질, 물질과 사람, 사람과 조직이 상생하고 교환하면
서 일사불란한 결속을 통하여 생사고락을 같이하면서 수기치인修己治人과
부정거사扶正祛邪를 통하여 끊임없이 창조하고 혁신하는 천지사시天地四時
를 운행하는 근본을 터득하여 온 세상을 평화롭게 하기 위함이다.

태극太極

가운데의 백색 원은 무극無極 또는 태극太極이라 하는데, 여기서 음
양陰陽인 양의兩義가 발생하며 이는 무에서 유를 창조하는 양자역학
원리가 작동하는 것이며 여기서 발생되는 음양陰陽은 화수목금토火
水木金土가 합하여 사시四時를 운행하고 밤낮을 운행함으로써 양자도
약을 통하여 각기 다른 생명체를 만들어내는 에너지와 물질이 상호
교환하는 상대성 이론이 작동하는 우주의 운행 시스템이다. 이와 같
은 원리로 세종은 자율과 집단지성을 통하여 창조와 혁신으로 새로
운 것을 만들고 세상과 나누는 우주운행의 정신을 우리의 염원으로
담은 것이다.